Hansmartin Schmid

Bündnergeschichte(n) für Anfänger und Zugereiste

© 2008 by Verlag Desertina, Chur
2. Auflage, 2009
Herstellung: Casanova Druck und Verlag AG, Chur
Umschlag: Sandra Perucchi, Chur

ISBN 978-3-85637-359-7

Hansmartin Schmid

Bündnergeschichte(n)
für Anfänger und Zugereiste

Desertina

Inhalt

Bündnergeschichte(n) für Anfänger und Zugereiste	6
Wie Eisenbahn und Auto nach Graubünden kamen	12
Wie die Räter Lateinisch lernen mussten	24
Wie Chur zu einem Bischof kam	32
Wie Graubünden Eingang in die Weltliteratur fand	40
Wie Graubünden zum Veltlin und zum Veltliner kam	48
Wie in Graubünden politisch unkorrekt gehandelt wurde	54
Wie die Bündner zu den ersten Cafetiers der Welt wurden	70
Wie der Steinbock ins Bündner Wappen kam	80
Wie Graubünden sich in die Ferien-Ecke stellte	88
Wie aus dem grauen Bünden ein weisses Paradies wurde	100
Wie eine ehemalige Rhäzünser Untertanin den Schlossherrn aus dem Bundesrat kippte	104
Wie Graubünden ins 21. Jahrhundert schritt	110

Vorwort

Eine Geschichte ohne Bier-Ernst und ohne Jahreszahlen?
Eine Bündnergeschichte fast nur aus Geschichten und fast ohne die gefürchteten Jahreszahlen? Eine verfremdete Geschichte für Einheimische und interessierte Touristen, die aber doch weitgehend von historischen Tatsachen ausgeht? Ein leichter Spaziergang durch die Jahrtausende rätischer und bündnerischer Vergangenheit, der eigentlich nur unterhalten will, aber vielleicht doch einige überraschende Fakten zum Wissen beiträgt? Vielfältige Einblicke nach Graubünden jenseits von dichterischer Verklärung und geschmäcklerischer Werbetexterei?

Gibt es das alles? Kann es das alles geben? Auf jeden Fall hat es der Autor zusammen mit den Zeichnungen seines ehemaligen Patenkindes Ines Lenz (Florenz/Thusis) versucht. Die geneigte Leserin und der geneigte Leser mögen nach der Lektüre beurteilen, ob es gelungen ist.

Chur, Oktober 2008   Hansmartin Schmid

Bündnergeschichte(n) für Anfänger und Zugereiste

In der Bibel steht: Im Anfang war das Wort. In Graubünden aber war im Anfang das Grau. Seit einigen Jahren nämlich wird in der Bündner Hauptstadt Chur gleich unter dem Churer Bischofssitz ausgegrabenes graues Gemäuer in gräulicher Erde gezeigt: Siedlungsreste aus grauer Vorzeit, über 10'000 Jahre alt, wahrscheinlich Überreste von hochrheinischen Nomaden, die im oberen Rheintal herumgezogen sind. Die flinken Tourismuswerber haben deswegen Chur flugs zur «ältesten Stadt der Schweiz» emporgetextet und an der Nomadenstrasse unseres Zeitalters, an der Alpen-Autobahn durch Graubünden, grossformatig plakatiert.

Nichts Genaues weiss man auch über diese Spuren nix, wie die Wiener sagen. Wie immer in solchen Fällen ist die letzte DVD, die davon erhalten geblieben war, im Laufe der Jahrhunderte kaputtgegangen. Immerhin erhellen aus diesem grauen Gemäuer zwei Tatsachen, die für den weiteren Verlauf der Bündner Geschichte nicht ohne Folgen bleiben sollten. Erstens einmal: Die Farbe Grau verfolgt seither die Bündner und die Bündnergeschichte wie ein Bergschatten. Wobei nach wie vor umstritten bleibt, woher das Grau im Namen Graubündens kommt. Weil die Bündner – in den Aufzeichnungen vielfach «die grawen Puren» genannt – in den folgenden Jahrhunderten gemäss ihrem eingefleischten Konservatismus in Modefragen konsequent nur das graue Tuch aus der Kleiderfabrik Truns im gleichnamigen Ort im Bündner Oberland trugen? Weil gerade die Bündner Oberländer einst gegen den Schwarzen Bund der räuberischen Ritter und Adligen ihren erfolgreichen «Grauen Bund» beschworen haben? Offensichtlich dem Erfolgsrezept eines früheren deutschen Bundesinnenministers folgend, der einmal erklärt hat, die Schweizer seien aus zwei Gründen zur glücklichsten und erfolgreichsten Nation dieser Erde aufgestiegen: Weil sie möglichst frühzeitig alle Adligen erschlagen und den Frauen möglichst spät das Stimmrecht gegeben haben. (Eine Bemerkung, die bei seinen damaligen Politikerkollegen wie Richard von Weizsäcker oder Otto Graf Lambsdorff nur mässige Freude ausgelöst haben soll.) Allerdings gibt es auch landeseigene Stimmen, welche dieses Grau im Bündner Namen ganz anders erklären. Folgerichtig zum Grau in der Bündnergeschichte heisst nämlich das Regierungsgebäude in der Hauptstadt Chur bis heute das «Graue Haus». Diese Stimmen sagen deshalb, das Grau sei in den Bündner Namen gekommen, weil die grau-enhaften Steuerrechnungen aus dem Grauen Haus kommen. Und noch etwas: Chur am Rhein ist seit dieser Vorzeit der Hauptort der Bündner. Ja, als Bonn am gleichen Rhein noch die Bundeshauptstadt der Deutschen war, machte folgender, naheliegender Vergleich die Runde: In Chur sitzt auf der rechten Rheinseite die Regierung, links des Rheins weiden in Chur nur ein paar Schafe mit ihren dito Köpfen. In Bonn dagegen war es genau umgekehrt.

Die zweite, für die ganze folgende Bündnergeschichte folgenschwere Erkenntnis, die aus den grauen Spuren der Nomaden unter dem Bischofsschloss hervorgeht, aber ist die: Die ersten Bündner waren Fahrende.

Wohl wegen dieses urbündnerischen Ursprungs sind die Fahrenden, die Rotwelschen, die Kesselflicker und Scherenschleifer – hierzulande früher zumeist Spengler genannt – ein ganz und gar unverzichtbarer Bestandteil einheimischen Kunstschaffens und Brauchtums geblieben. Dabei sticht die Gemeinde Vaz/Obervaz über dem Albulatal mit der Sportort-Filiale Lenzerheide zentral hervor. Und dies kam so: Als die Schweiz einmal dem fahrenden Wesen Stopp gebieten wollte und festlegte, jeder müsse an einem Stichtag dort eingebürgert werden, wo er gerade sei, da waren in diesem Tal grad zwei prächtige Exemplare dieses kernigen Menschenschlages unterwegs, ein älterer und ein jüngerer Mann. Die Gemeinde Obervaz hielt sich für vorausschauender als die anderen und brachte den jüngeren, potenziell viel reproduktionsfähigeren Mann dazu, in die nahe Gemeinde Filisur zu ziehen. Der ältere aber blieb zu Hause in Vaz. Allerdings, einmal mehr nahm die Geschichte nicht den erwarteten Verlauf: Der junge Mann verunglückte kinderlos schon im nächsten Winter beim Holzen im Wald tödlich, der ältere aber stellte seine ungebrochene Lebenskraft unter Beweis und zeugte noch viele Kinder. Seither ist Vaz/Obervaz der Hauptbürgerort dieses festen Bestandteils der Bündner Folklore und dafür auch schweizweit bekannt. So erhielt diese Gemeinde aus Zürich einmal folgende Anfrage: Es sei da ein Franz Moser aus Obervaz aufgegriffen worden. Die Zürcher Behörden hätten aber schon vor einem Monat mit einem Individuum namens Franz Moser zu tun gehabt. Deshalb ergehe die Anfrage an Vaz, ob diese beiden identisch seien. Worauf die Gemeinde nach Zürich schrieb: «Bei diesem Franz Moser handelt es sich um die gleiche Person. Ob er dazu noch identisch ist, wissen wir nicht, aber zuzutrauen wäre es ihm schon».

Wie Eisenbahn und Auto nach Graubünden kamen

Wie Eisenbahn und Auto nach Graubünden kamen

Unter diesen ersten Bündner Fahrenden besonders frei und ungebunden tummelte sich in diesem Gebiet das sagenhafte und sagenhaft starke Volk der Räter, dessen fahrendes Wesen sich ja noch heute in der «Rhätischen Bahn» fortsetzt. Oder im ebenfalls in Sonntagsreden von Politikern gerne zitierten Begriff «alt fry Rhätien». Die Rhätische Bahn trägt zudem nicht nur den Namen dieser ursprünglichen und urhaften Räter als Werbeträger um die Welt. Sie ist auch zu einem unverwechselbaren Symbol für bündnerische Eigenständigkeit und Hartköpfigkeit geworden. Und dies schon seit langer Zeit. So verfügte die «kleine Rote», wie diese «grösste Schmalspurbahn der Welt» im Volksmund genannt wird, schon vor Jahren über ein besonders augenfälliges, schnauzbartbewehrtes Musterexemplar von Bündner als Kondukteur (Schaffner). Als diesen einmal ein deutscher Gast angesichts eines hohen Bündner Gipfels fragte: «Sagen Sie, Schaffner, wie hoch ist dieser Berg dort drüben?» Da antwortete unser Mann: «8000 Meter.» Worauf der RhB-Passagier empört und goldrichtig festhielt: «Aber so hohe Berge gibt's doch in ganz Europa keine.» Doch der Kondukteur antwortete gelassen: «Ja, Sie müssen doch auch berücksichtigen, wie weit dieser Berg in den Boden hineingeht.» Zudem: Als einmal zu den hohen Zeiten des Zeppelins bei einem Halt an einem Bahnhöflein alle

Bahnreisenden zum Beobachten des Luftschiffes aus dem Zug stürmten und auf keine Art und Weise zur rechzeitigen Rückkehr in den Zug, der deswegen eine bedeutende Verspätung erlitt, zu bewegen waren, schrieb der gleiche Mann wahrheitsgetreu in seinen Fahrbericht: «Kreuzung mit Zeppelin!».

Dabei hatte sich die Eisenbahn in Graubünden in ihren Anfängen trotz der fahrenden Vergangenheit dieser Räter und Bündner gegen den stolzen Abwehrgeist im rätischen Bergland äusserst schwergetan. Lange bevor der erste Zug aus Rorschach 1858 Chur erreichen konnte, schrieb ein besorgter Bürger an die Obrigkeit: «Verfolgen wir die Resultate sämmtlicher Eisenbahnen bis auf den heutigen Tag, so stellt sich heraus: Dass in England nur die Hauptlinien rentieren, viele Nebenbahnen hingegen kümmerlich 2 bis 3 von Hundert. Andere nicht einmal so viel, und dass einzelne Bahnen sogar ganz eingegangen sind, und somit das enorme Anlagekapital rein verloren ist.» Wobei die Nachfahren dieses Warners dieser vorausschauenden Besorgnis zubilligen mussten, dass von Rentabilität bei der «kleinen Roten» tatsächlich nie die Rede sein konnte. Wie sehr das fahrende Dampfross den aufrechten Bündner Recken widerstrebte, ergibt sich auch aus einem frühen Protokoll einer Kirchenversammlung, an der ein alter Militär erklärte: «Ich sage es frei heraus: Als ehemaliger napoleonischer Hauptmann, der ich furchtlos dem Tode, unter allen Formen, in's Angesicht geblickt, und, meines Wissens, noch nie von Furcht angewandelt worden bin, würde ich dennoch nur in einem Dringlichkeitsfall meine Wenigkeit einer perfiden Lokomotive überantworten.» Und als dann die Eisenbahn endlich durchs Churer Rheintal hinaufschnaufte, da war es den Gemeinden Untervaz und Haldenstein immer noch nicht recht. Jetzt fürchteten sie für ihre Kühe auf den umliegenden Alpen. Deshalb schrieben sie an die Regierung: «Wirklich ist es der Fall, dass in jener Höhe das Geräusch der Dampfzüge weit grösser ist als in der Thaltiefe und unbefangene Zeugen sagen aus, dass das Vieh bei dem jedesmaligen Nahen der Bahnzüge in der Tiefe und dem infernalen Ton der Maschinenpfeife wie unsinnig zusammenspringen und umherrennen, wodurch freilich die altgewöhnte Gemüthsruh der Alpenkühe sehr gestört und die Aussicht auf den kommenden Alpnutzen gemindert wird.»

In späteren Jahren dagegen wollten die Bündner unbedingt eine Eisenbahn durch ihre Alpen bauen. Es ist ja wahr: Blickt man aus der Ferne auf eine grosse physikalische Karte Europas, auf der die Ebenen grün und die Berge dunkelbraun eingezeichnet sind, dann gibt es auf dem ganzen riesigen Braunbogen der Alpen nur eine einzige Stelle, an der das Grün sowohl von Norden als auch von Süden weit ins Braune eindringt und die grünen Ebenen sich fast berühren: Das ist unter dem Splügenpass zwischen Thusis und Chiavenna. Kein Wunder also, dass die Bündner eine Eisenbahn durch die – schweizerischen – Ostalpen bauen wollten. Sie und einige Miteidgenossen entwarfen Bahnpläne durch oder über den Splügen-, Lukmanier-, Scaletta-, Greina-, Bernhardin-, Julier-, Septimer- und den Ofen-Pass. Ein besonders ingeniöser Bündner Ingenieur wollte sogar einmal den Splügen schiffbar machen. Und zwar nicht mittels eines wassergefüllten Tunnels durch den Berg, sondern durch einen Kanal über den Pass. Wobei die talwärts fahrenden Schiffe die

Lastkähne auf der anderen Passseite durch ein Seil hinaufgezogen hätten. Alles nur mit der Schwerkraft, ein bündnerisches Perpetuum mobile, das aber schliesslich an den knappen Bündner Finanzen scheiterte wie die Ostalpen-Bahn an der Knausrigkeit des Bundes. Denn es ist klar, Ostalpen-Bahn, das ist eben schweizerisch, nur schweizerisch, von Bern aus gesehen. Und dort fiel dann auch der Entscheid gegen die Bündner. Gebaut wurde und werden die Tunnels durch den Gotthard und den Lötschberg, die Ostalpenbahn bleibt, wie das Veltlin, die ewige Nostalgie der Bündner ...

Trotzdem hat eine Zweiglinie der kleinen roten Rhätischen Bahn, nämlich die Bernina-Bahn bis eben nach Tirano in diesem Veltlin, Eingang in die Weltliteratur gefunden. Und zwar durchaus im roten Bereich: Ignazio Silone, der feinsinnige italienische Schriftsteller und Schöpfer derartig eindrucksvoller Werke wie «Fontamara», war als ehemaliger Kommunist und dann Anführer der italienischen Sozialisten von den Faschisten in die Schweiz vertrieben worden. Hierzulande wurde ihm als TB-Patienten ein Kuraufenthalt in Davos gewährt, aber jegliche politische Betätigung, vor allem Richtung Italien, untersagt. Doch Silone fand einen Ausweg. Bei der Bernina-Bahn war der Puschlaver Filippo Crameri als Kondukteur (Schaffner) tätig. Crameri war in Rom aufgewachsen und dort zum Sozialisten geworden. Da er als Zugbegleiter bei den Eisenbahnfahrten der kleinen roten Bahn über den Bernina nach Italien nicht kontrolliert wurde, schickte Silone seine Manuskripte mit flammenden Aufrufen zum Aufstand gegen den Faschismus einfach an eine Deckadresse in St. Moritz. Dort holte sie Filippo Crameri ab und brachte sie in seiner Jackentasche dem ebenfalls sozialistischen Bahnhofsvorstand von Tirano in Italien. Und dieser leitete sie auf geheimen Kanälen seinen italienischen Genossen weiter. Das war der Beitrag der Bernina-Bahn zur europäischen Geschichte … und zur Weltliteratur.

Die hochalpine Zeitverspätung der Bündner sollte sich allerdings rund 50 Jahre nach ihrem Widerstand gegen die Eisenbahn wiederholen, gegen die neue «Lärm- und Stinkkiste», das Auto. Genau 1900 erliess die Bündner Regierung deshalb ein umfassendes Fahrverbot für Automobile, das sie im Nachhinein in ihrer Botschaft mit einem äusserst modern anmutenden Diskurs begründete: «Seine Entstehung verdankt das Verbot wirklicher Gefährdung und arger Belästigung des Strassenverkehrs im Engadin durch fremde Automobilbesitzer. Die Automobile waren damals noch neu, in den Anfängen ihrer Konstruktion, im Höhepunkt aber der Rücksichtslosigkeit, mit der die Automobilisten sich ihrer Modelspielzeuge (sic) bedienten. Das Fahren mit Automobilen auf sämtlichen Strassen ist verboten, gestützt auf Fälle, in denen durch Befahren der Strassen mit Automobilen der Post- und Fahrverkehr gefährdet wurde, und da solche Fälle zu eigentlichen Katastrophen führen können, wird deshalb das Verbot bestätigt.» Was dann in Graubünden folgte, ist in die Schweizer Geschichte eingegangen. Es brauchte nicht weniger als zehn Volksabstimmungen, mit Initiativen und Referenden, Regierungsvorschlägen – darunter: die Geschwindigkeit der Autos auf generell 20 Kilometer pro Stunde zu beschränken- und Gegenvorschlägen des Parlaments, bis 1925 das Automobil auch in Graubünden zugelassen wurde. In den langen Jahren zuvor hatte sich dem unorientierten Gast dann und wann das seltsame Bild geboten, dass zwischen der Bündner Grenze zum Kanton St. Gallen an der Rheinbrücke und Chur ein voll fahrtüchtiges Automobil trotzdem von einem Pferdegespann durch die Geografie gezogen wurde. Den Churer Automobilbesitzern, die es vor 1925 eben schon durchaus gab, blieb angesichts des Autoverbots nichts anderes übrig, als auf ihrer Fahrt nach Zürich oder St. Gallen, ihr Gefährt mit totem Motor durch echte Pferdestärken bis zur Bündner Grenze ziehen zu lassen.

Beinahe gleichzeitig mit dem Abwehrkampf der Bündner gegen das heraufziehende Automobilzeitalter begegnete auch noch eine andere technologische Erneuerung der angeborenen Skepsis der hochalpinen Frohnaturen: die Elektrizität. Als man ganz zum Schluss der Elektrifizierung auch noch das hoch gelegene Dorf Furna im waldreichen Prättigau mit dieser Neuerung beglücken wollte, da wurde aus der Mitte der Gemeindeversammlung Widerstand laut – mit dem einleuchtenden Votum: «Bis diese Elektrizität auch bei uns oben ankommt, ist ohnehin kein Strom in der Leitung mehr …».

Hier ist tatsächlich etwas von der früheren Unbekümmertheit der alten Räter zu verspüren. In früheren Jahren berief sich lange Zeit auch die Tageszeitung «Der freie Rhätier» sogar im Titel auf diese Räter, doch dieser Rätier ist inzwischen ebenso sanft entschlafen wie die Räter selber.

In ihren Anfangszeiten allerdings nutzten diese Räter die vorhandenen rechtsfreien Freiräume weidlich aus. So beispielsweise im letzten Jahrhundert vor Christus, als ihnen ein Tagesausflug in das benachbarte Como genügte, um die ganze Stadt in

Schutt und Asche zu legen. Kein Wunder, dass die römischen Schriftsteller diese Fahrenden und Schweifenden als «gens rapax et audax», als räuberisches und wagemutiges Volk, schilderten. Wobei spätere Touristengenerationen in Graubünden dann dieses «rapax» gleich räuberisch durchaus folgerichtig als leidvolle Vorschau auf die Preise in einigen Bündner Fremdenorten interpretierten.

Im Laufe der Jahrhunderte dehnten sich dann diese frühen Auslandeinsätze von Einheiten der rätischen und später bündnerischen Armee in strategischer Kooperation mit militaristischen Raubzügen der geistesverwandten Eidgenossen immer mehr nach Süden aus. Nachdem man zusammen mit diesen Eidgenossen sogar in die heute blühende Metropole Milano – damals noch ohne AC Milan und eine Berlusconi-freie Zone – eingezogen war, holte man sich zwar ebenso gemeinsam mit den Eidgenossen bei Marignano unweit der Alfa-Romeo-Werke eine blutige Nase. Aber als schöner Trostpreis blieben das Veltlin, Bormio und der ganze Süden des Splügenpasses mit Chiavenna bis an die Gestade des Comersees für Jahrhunderte im Besitz der Bündner.

Zudem: Als militärisch eigenständig und unabhängig zeigten sich diese Räter und ihre Nachfahren denn auch bis in die jüngste Zeit, in einem Fall sogar als sehr eigenständig und unabhängig: Am Vorabend des Ersten Weltkrieges hatten die Bündner Truppen unter dem säbelrasselnden kommenden Schweizer General des Krieges, Ulrich Wille, am hohen Flüela-Pass zwischen dem Engadin und der Landschaft Davos bei Regen und sogar Schnee einen Manövertag zu absolvieren. Als es dann besagtem Oberobristen Wille gefiel, in einem von Wind und Wetter geschützten und gut beheizten Raum eine Übungsbesprechung mit seinen Offizieren in die Länge zu ziehen, während die Truppe stundenlang draussen vor der Tür im Regen zu stehen hatte, da zeigte sich dann eben dieser rätische militärische Unabhängigkeitsdrang in voller, durch die Jahrhunderte geadelter Grösse: Die Truppe marschierte ohne klaren Befehl einfach ab Richtung Behausungen mit Speis und Trank, was nachher von Wille und dessen militärischen Artgenossen zur «Meuterei am Flüela» oder gar zur «Revolte» hochgeschrieben wurde. Was in Graubünden wiederum vor allem deshalb sehr mässige Freude auslöste, weil der spätere General-Bramarbas rapportierte, die Truppe habe gemeutert «bei einem Wetter, das Touristinnen aus dem Flachland nicht daran hinderte, den Flüela zu überschreiten». Dabei hatte er allerdings verschwiegen, dass es sich bei dieser «Touristin aus dem Flachland» um seine eigene Tochter gehandelt hatte, die zudem den Flüela als Manövergast ihres Vaters ausschliesslich im geschlossenen und geheizten Wagen «überschritten» hatte.

Ebenfalls in späteren Generationen entstand zudem viel wissenschaftlicher und politischer Streit, woher denn diese Räter gekommen seien. In der frühen Neuzeit, als immer mehr Nachfahren dieser Räter, ganz im Gegensatz zu früher, des Lesens und Schreibens kundig wurden, verkündigten sie voller Stolz, diese Räter seien Etrusker gewesen. Also, wenn auch nicht ganz Römer, so doch nahe beim grossen Rom. Einige Forscher glaubten gar, der Name des schönen Bündner Dorfes Thusis im Domleschg leite sich vom Namen dieser Tusci aus Etrurien ab.

Als sich dann nicht nur in diesem grossen Rom, sondern leider auch in dessen naher, etruskischen Umgebung ein gewisser Benito Mussolini und seine Schwarzhemden immer mehr zu schaffen machten, da verlor diese fast römische Herkunft bei den Bündnern ihre Attraktionskraft. Die Bündner ehemalige Faschisten? Niemals. Deshalb kamen dann die Räter in den Augen vieler Bündner Forscher plötzlich aus der römischen Provinz Illyrien an der dalmatinisch-albanischen Mittelmeerküste nach Graubünden gezogen. Bis heute gibt es in Chur eine Rätus-Brücke, bis vor wenigen Jahren mit dem Hinweisschild auf den sagenhaften Räter-Anführer und Namensgeber Rätus, der die fahrenden Bündner oder die Bündner Fahrenden sicher aus Illyrien hierher gebracht habe. Allerdings ging es dann infolge der Wechselfälle moderner Geschichte mit dem Image der dalmatinisch-albanisch-kosovarischen Küstenbewohner aus dem ehemaligen Illyrien in der Schweiz rapide abwärts, sodass die Bündner bald einmal von einer Herkunft aus Illyrien nichts mehr wissen wollten. Die Bündner ehemalige Yugos? – Niemals, hiess es jetzt. So halten es denn heutzutage viele Bündner Dichter und Denker für denkbar, die Räter seien aus dem benachbarten Südtirol gekommen. Langweilig, aber wahrscheinlich richtig.

Mit dem freien und ungebundenen Leben dieser Räter war es dann 15 v. Christus ohnehin jäh vorbei. Von Süden her näherten sich die Marschtritte der römischen Legionen unter dem Kommando der beiden Stiefsöhne von Kaiser Augustus, Drusus und Tiberius. In späteren Jahren haben sich die Bündner immer wieder darüber beschwert, die Schweiz behandle sie stiefmütterlich. Was wahrscheinlich daher kommt, dass die Bündner schon damals von zwei Stiefsöhnen besetzt worden sind. (Aber müsste dann eigentlich nicht folgerichtig gegen eine stiefsöhnliche Behandlung protestiert werden?).

Auf jeden Fall hatte der römische Einmarsch für die Räter zwei äusserst gravierende Folgen. Erstens einmal erlitten sie ihre erste grosse militärische Niederlage, obwohl die schon damals mutigeren Frauen der Räter in ihrem heroischen Abwehrkampf gegen die vorrückenden Römer ohne Rücksicht auf die 1. Haager Landkriegs-Konvention und ohne die geringste Aussicht auf eine Alters- oder Hinterbliebenen-Rente diesen sogar ihre Kinder entgegengeschleudert haben sollen. Immerhin waren die erwähnten augusteischen Stiefsöhne davon derart beeindruckt, dass sie auf dem gewaltigen Triumphbogen, den sie zu Ehren ihres Vaters auf dem Hügel La Turbie über Monte Carlo – wahrscheinlich mit den Geldern eines Spielbankgewinns – errichteten auch der Räter gedachten. Die Räter zwar als Geschlagene, aber immerhin erwähnt. Mediale Präsenz, und sei es auch nur als geschlagene Helden auf einem Ehrenmal, ist das höchste Gut, durch alle Zeiten hindurch. Und nicht nur das: Der heroische Abwehrkampf der Räter beeindruckte die Römer derart, dass sie bald einmal eine Truppe aus jungen Rätern und aus dem Nachbarvolk, der späteren bajuwarischen Vindeliker um Augsburg herum, rekrutierten: « Cohortes Raetorum et Vindelicorum», wie das damals hiess. Allerdings hatte derartiges ruhmreiches Kriegshandwerk schon damals seinen Preis, allein schon deshalb, weil ein früher Anführer dieser rätischen Kohorten Porcius Septimus hiess. Was sehr stark an den heutigen Fluch vieler italienischsprachiger Bündner erinnert: porca miseria …

Im Rheinischen Landesmuseum in Bonn – im gleichen Museum liegt auch der unansehnliche Schädel des berühmten Neandertalers – steht zudem ganz am Eingang bereits eine Grabstele für einen gefallenen «miles ex cohorte Raetorum». Was nicht heissen will, die ersten Bündner Soldaten in der Fremde seien Neandertaler gewesen.

Denn viel, viel später gelangten ja die Bündner in der Fremde sogar zu Generalsehren. Wenn auch mit unterschiedlichem Ausgang. Beim Volkssturm auf die königlichen Tuilerien war ein Bündner, Baron Heinrich von Salis-Zizers, Kommandant der Garde aus Schweizern und Bündnern. Doch der schwache König Ludwig XVI. befahl mit einer eigenhändigen Depesche – sie liegt im Original bis heute im Bündner Staatsarchiv – den Rückzug der Schweizer. Worauf diese von den Revolutionären prompt niedergemacht wurden. Ganz anders ein Bündner wenig später unter Napoleon. Josef Lorenz Demont oder eben Giusep Luregn oder Joseph Laurence Demont wurde als Sohn eines anderen Söldnerführers zwar bereits in Frankreich geboren, war aber doch ein echter Lugnezer. Er kämpfte sich in vielen Schlachten bis zum französischen Divisionsgeneral hinauf, wurde in Paris Senator und gelangte schliesslich zur heldenhaften Einmeisselung seines Namens auf dem Pariser Arc de Triomphe. Ein Bündner als einziger Schweizer also inmitten der französischen Helden am Arc de Triomphe auf den Champs Elysées.

Wie die Räter Lateinisch lernen mussten

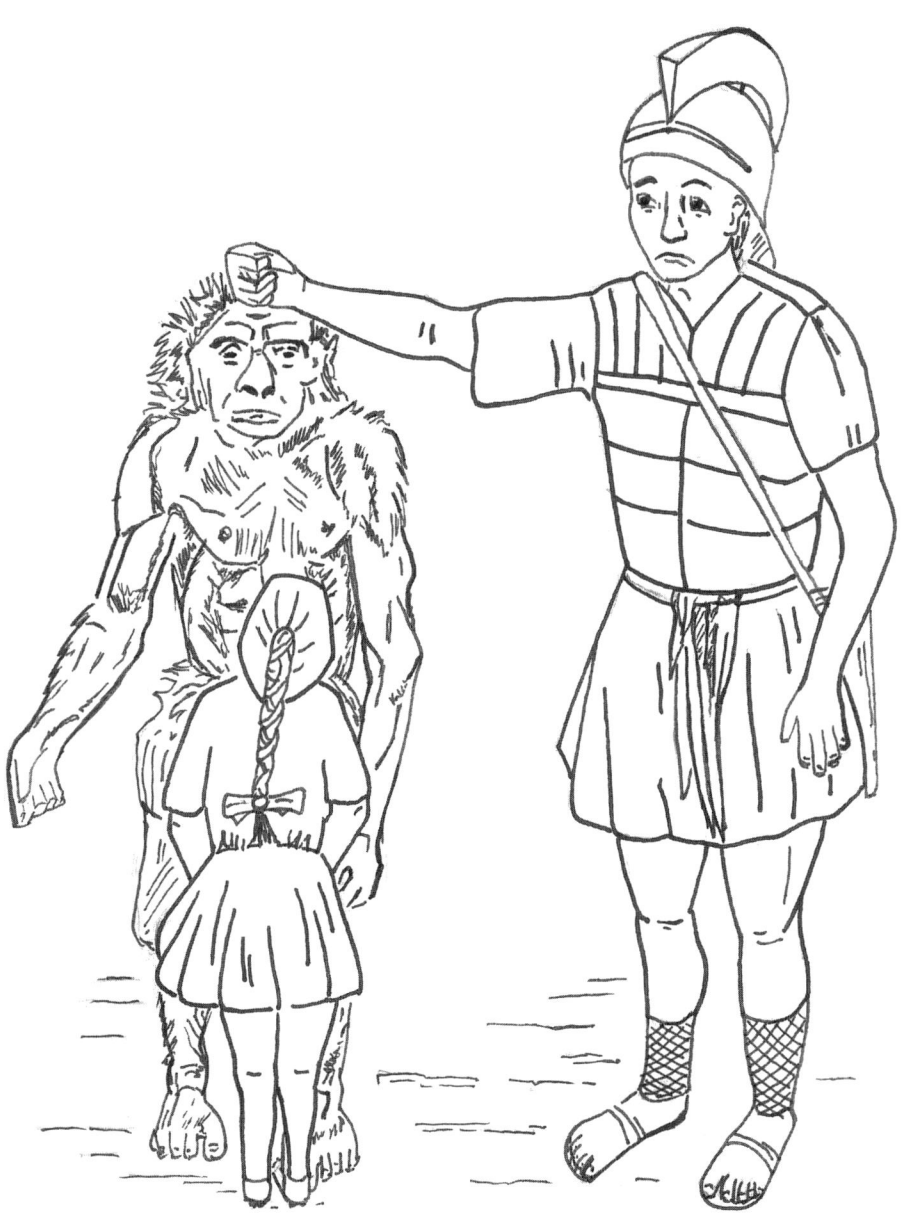

Wie die Räter Lateinisch lernen mussten

Das Zweite, was den Rätern beim Einmarsch der Römer widerfuhr, war noch folgenschwerer. Ihnen widerfuhr das grosse Leid, das bis vor wenigen Jahren Generationen und Generationen von Gymnasiasten widerfahren ist: Sie mussten Lateinisch lernen. Da sie es jedoch mit ihren schweren Kriegerlippen und rauhen Berglerkehlen nicht so schön und klangvoll konnten wie ihre angeblichen Vorfahren in der Toscana, entstand daraus eine ganz eigene und eigenartige Sprache, das Räto-Romanische. Diese wurde zwar immer gesprochen, geschrieben und … gefördert, doch den eigentlichen Durchbruch verschaffte ihr der schon einmal erwähnte Benito Mussolini. Im Zuge der Ausbreitung seines Schwarzhemden-Modetrends – heute tragen derartige schwarze Hemden nur noch Architekten und solche, die es sein möchten – erklärte er dieses Räto-Romanische kurzerhand zu einem italienischen Dialekt. Natürlich mit dem Hintergedanken, diese ehemaligen Räter und damit die ganze Südschweiz schwarz einzukleiden und einverleiben zu können. Dies jedoch war dann den Bündnern und Schweizern doch zuviel: Sie deklarierten dieses abgewandelte Latein kurzerhand zu ihrer vierten Nationalsprache. Indirekt und ungewollt also ein wesentlicher Beitrag des verfemten italienischen Diktators zur schweizerischen Nationalkultur. Aber auch sonst blieben die Beziehungen zwischen dem alten Rom und den Bündnern äusserst eng verflochten. Als in jüngster Neuzeit eine hochrangige Bündner Delegation die Ewige Stadt besuchte und der Stadtführer die illustre Schar aus der alten Rätia auf das mächtige Oval des Circus Maximus der römischen Wagenrennen blicken liess, da fragte eine rätische Dame: «Ein Zirkus? Aber ich sehe ja keinen Zirkus.» Um dann gleich selber die erhellende Antwort hinzuzufügen: «Ja klar, der Circus Maximus wird halt auf Tournee sein.»

Die Römer richteten sich im Laufe der Jahrhunderte in Graubünden behaglich ein und brachten aus dem Süden gleich noch ihren wichtigsten Exportartikel, den Wein, mit. Ein berauschender Freudenbringer, der auch den sonst eher rauen Rätern vor allem in ihrem Rheingau im Norden so ausnehmend gut gefiel, dass sie bis heute dort die Landschaft mit «Rebstecken» in bester römischer Reihe und Ordnung vollstellen. Zudem nahmen sie für lange Zeit etwas vom gewohnten Met- und Bier-Trinken Abstand, bis dann, Jahrhunderte später, der nordische Gerstensaft auch in Rätien erneut Triumphe feierte und die einheimischen Brauereien wie Pilze aus dem Boden schossen. Bis dann die mächtigen Heineken-Holländer in einer neuen Invasion den Rhein hinaufkamen und die ursprünglichen rätischen Biertrinker neben Latein auch noch Niederländisch parlieren lernen mussten. Immerhin waren dann in späteren Jahren die damals in ihrer Mehrheit reformierten Bündner von einem französischen Hugenotten-General namens Henri de Rohan, den Frankreich mitten in die Bündner Wirren geschickt hatte, ausserordentlich begeistert. Nicht nur, dass sie ihn den guten Herzog nannten.

Nein, sie glauben teilweise bis heute, dass er höchstpersönlich eine neue Traubensorte, den pinot noir, die jetzt dominierende Blauburgunderrebe, nach Graubünden gebracht habe. Obwohl doch dieser Henri de Rohan ein gestrenger Gefolgsmann seines engeren Landsmanns Jean Calvin war und als echter Puritaner an nichts weniger dachte als an leibliche Genüsse wie Wein. Da jedoch die Burgundertrauben tatsächlich genau um diese Zeit en masse in Graubünden auftauchen, wird es wohl ein einfacher französischer Soldat aus Rohans Mannschaft gewesen sein, der die ersten Schösslinge mitbrachte. Woraus man ersieht, dass man auch in Graubünden in der Geschichte ungerechterweise dem gewöhnlichen Soldaten gar nichts, aber dafür alles den Generälen zuschreibt. Sogar den Wein.

Doch auch den Römern erging es in Chur wegen oder trotz ihres Luxuslebens auf die Dauer nicht besser. Zwar fanden die Forscher in ihrer Churer Entsorgungsanlage die Überreste von feinsten Muscheln aus dem Mittelmeer bei Marseille oder von Crevetten aus der Nordsee. Aber gleichzeitig drangen von Norden her immer mehr kriegstüchtige, germanisch-teutonisch radebrechende Menschen ins rätische Kernland vor und verdrängten die Römer mit ihrem Romanisch, dem verdorbenen Latein. In ihrer Hauptstadt Curia kam es soweit, dass in der Hauptsiedlung alle Männer, also eben die Allemannen, plötzlich alle nur eine seltsam klingende Abart dieser germanischen Sprache redeten. Die letzten Nachfahren der stolzen Lateiner, die Romanen, aber wurden auf ihr früheres Zentrum auf dem linken Ufer des Churer Flusses Plessur abgedrängt. Dort allerdings pflegten sie ihre Sprache und Kultur derart intensiv, dass diese Gegend bis auf den heutigen Tag «Welschdörfli» heisst. Denn die rechts der Plessur verbliebenen, jetzt deutschsprachigen Churer verstanden dieses alt-römische Romanisch immer weniger, sodass sie die Leute ennet der Plessur eben als «Welsche», eine andere Sprache sprechende Menschen, bezeichneten. Oder wegen «Churrätien», dem frühmittelalterlichen Namen von Graubünden, gar als «Churwelsche». Es gibt sogar Wörterbücher, die hier den Ursprung des in die deutsche Hochsprache eingegangenen und beispielsweise auch von Thomas Mann verwendeten Begriffs «Kauderwelsch» für eine völlig unverständliche Sprache sehen. Sollte dem tatsächlich so sein, so wäre dies der einzige wirklich überragende Beitrag von Chur zur Erweiterung des germanischen Wortschatzes. Auf jeden Fall ist es ganz und gar erstaunlich, wie die Geschichte im Churer «Welschdörfli» über mehr als ein Jahrtausend nachwirkt. Denn noch heute siedelt im Welschdörfli zur grossen Freude aller einheimischen oder zugereisten Männer – also wieder alle Männer oder eben Allemannen – ein weibliches Multikulti-Völklein, das weit über das usprüngliche Nebeneinander von Allemannen und Romanen hinausgeht. Denn heute horsten dort in erstaunlicher grosser Zahl junge Brasilianerinnen, Polinnen, Ukrainerinnen, Bosnierinnen, Russinnen, Türkinnen ... Das Welschdörfli ist dank dieser ganz besonderen Art von Gastarbeiterinnen wahrhaft international geblieben.

Eigentlich noch internationaler soll Chur nur noch zu Zeiten der grossen Völkerwanderung gewesen sein, die auf Französisch bis heute so treffend «Invasion des Barbares» heisst. Oder noch schöner auf Italienisch: «La discesa dei barbari». Wörtlich die

Abfahrt der Barbaren, natürlich aus Norden Richtung Italien, genau das, was jetzt zur Ferienzeit immer noch und immer wieder stattfindet. Wer waren denn diese Barbaren? Hierzulande eben niemand anders als wir, die heutigen, deutschsprachigen Bündner. Diese Barbaren und viele andere barbarische Stämme strömten damals über den Rhein, nach Graubünden und weiter nach Italien – genauso wie jetzt immer noch zu Hochsaisonzeiten. Mit dem wesentlichen Unterschied, dass die heutigen barbarischen Germanen für ihre Invasion ganz im Gegensatz zu den früheren Allemannen auch zahlen, oftmals nicht zu knapp. So kam es, dass Graubünden zu Zeiten der Völkerwanderung zum Reiche des grossen Ostgoten-Königs Theoderich gehörte. Und lange Zeit wurde deshalb geschrieben, Chur habe damals zu diesen sehr internationalen Zeiten gar den griechischen Namen Theodoricopolis gehabt. Das ist zwar höchstwahrscheinlich nicht wahr, aber schön geklungen hätte dieser Name schon. Man stelle sich vor: Chur warb lange Zeit mit dem Slogan «Chur ist schön, verweile!» um neue Gäste. Einige Neider haben dann allerdings daraus flugs die abwertende Parole «Chur ist schön – für eine Weile» gemacht. Aber wie wunderbar hätte doch der Werbespruch geklungen: «Theodoricopolis ist schön, verweile.»

Die Tatsache, dass jetzt alle ehemaligen Räter-Romanen Deutsch lernen mussten, hatte noch eine weitere, bis heute spürbare Folge. Denn wie früher das Hochlatein, so konnten diese Räter jetzt auch das Hochdeutsche nicht so recht. So sprachen sie dann eben das neue Deutsch mit ihrer stehengebliebenen romanischen Aussprache mit vielen Endungs-A und einem romanischen kh für das allemannische ch aus. Entstanden ist dadurch folgerichtig das zumindest in der Schweiz berühmte «Khurartütsch», nach allen Umfragen nach wie vor der beliebteste Schweizer Dialekt. So gilt wahrscheinlich für den Churer Dialekt mehr als für alle anderen Schweizer Mundarten das literarische Denkmal, das Thomas Mann gesetzt hat: «Die angenehm zu hörende, bedächtig-würdige, mit stehengebliebenen altdeutschen Ausdrücken von eigentümlich feierlichem Klange durchsetzte schweizerische Redeweise.»

Nur wenige Jahre nach der militärischen Unterdrückung der freien Räter durch die Römer folgte dann die noch fürchterliche bürokratisch-administrative: Sie mussten Steuern bezahlen. Strabo, der berühmteste Geograf der Antike, hat diesen bis in unsere Tage andauernden, niederschmetternden Vorgang in der Rückblende wie folgt geschildert: «Den unkontrollierten Einfällen dieser Alpenvölker auf italienisches Gebiet machten Tiberius und sein Bruder Drusus in einem einzigen Sommer ein Ende, sodass jetzt schon das 33. Jahr ist, seitdem sie ruhig sind und regelmässig Steuern bezahlen.» Bei der Regelmässigkeit ist es für die Bündner bis dato geblieben, nur mit der Ruhe, mit der Ruhe für die eigene Brieftasche ist dies so eine Sache.

Wie Chur zu einem Bischof kam

Wie Chur zu einem Bischof kam

Ein paar Jahrhunderte nach dem Einmarsch der Römer marschierte dann ebenfalls von Süden her auf ihren Spuren und mit ihren Männern auch das Christentum in Graubünden ein. Wobei sich die ehemaligen Räter und heutigen Bündner zu ihrem grossen Heile für einmal offenbar wesentlich weniger widerborstig und bedeutend anpassungsfähiger verhielten als gegenüber dem verteufelt schwierigen Latein. Auf jeden Fall gibt es auf Bündner Boden einige Fundstätten, die durchaus beweisen, dass die alten rätischen Kulte und die neue Religion der Liebe aus dem Nahen Osten durchaus viele Jahre ohne grosse Glaubenskämpfe nebeneinander koexistierten.

Gleichzeitig machte die christliche Heilsbotschaft in den rätischen Köpfen derartige Fortschritte, dass bereits 451 n. Christus ein Bischof von Chur schriftlich bezeugt ist, weil ein Bischof von Como einen kirchlichen Brief auch im Namen seines abwesenden Amtsbruders aus Rätien unterzeichnet hat. Es ist zwar nach wie vor umstritten, ob dieser erste Bischof von Chur auf den Namen Asinio oder auf Asimo hörte. Fest steht bloss, dass er nicht Asino hiess. Und nur ein paar Jahrhunderte später bestieg ein Bischof mit dem schönen Namen «Esso» den Churer Bischofsthron. Ein glasklarer Vorgriff auf das auch in Bünden kommende Benzin-Zeitalter und ein weiterer Beweis für die zukunftsorientierte Fortschrittlichkeit der Kirche schon in diesen Zeiten!

Wenig später nannten sich die Bischöfe von Chur in ihrem Titel auch «Episcopus in partibus infidelium» (Bischof im Gebiet der Ungläubigen). Wobei sich bis heute manch ein Churer Bischof den Stossseufzer abgerungen haben mag, ob er sich nicht immer noch im Gebiet der Ungläubigen befinde.

In späteren Jahren kam es mit diesen Bischöfen von Chur zu allerhand Schwierigkeiten, da ganze Familien – so beispielsweise die nachmalig bekannte Familie der Victoriden – sich nicht damit begnügten, den Bischofsstab innerhalb der Familie weiterzugeben, sondern gleich auch das ganze Land unter ihren Stab und ihre Herrschaft nahmen. Wobei immerhin festzuhalten ist, dass es sich bei den zahlreichen Victors, die jetzt nacheinander das Churer Bischofsamt besetzten, nie um Vater und Sohn gehandelt hat. Ebensowenig wie bei zwei Bischöfen Johann Flugi von Aspermont oder zwei Federspiels, die später kurz nacheinander den Churer Bischofsthron erkletterten. So blieb Graubünden wenigstens in dieser Hinsicht die später im politischen Leben vielfach übliche Dynastienbildung erspart. Wobei einer dieser Flugi von Aspermont zudem schon früh ein besonders asperes Schicksal ereilte. Anlässlich der Erweiterung des bischöflichen Schlosses im 17. Jahrhundert wollte er der nachmaligen Schweizerischen Unfallversicherungs-Anstalt (SUVA) und ihren Gerüstkontrolleuren mehr als drei Jahrhunderte vorgreifen und unternahm einen Bau-Kontrollgang. Doch das Baugerüst über dem steilen Nordabhang seines Schlosses entsprach ganz und gar nicht seinen Erwartungen, und er stürzte in den unterliegenden Sennhof, heute das Bündner Staatsgefängnis, zu Tode. Immerhin erhellt daraus, dass lange, lange

Zeit vor dem unglückseligen und umstrittenen Liechtensteiner Wolfgang Haas Churer Bischöfe vom Pech verfolgt waren. Einer von ihnen nahm zu seinem Unglück an einem Feldzug in eben dieses Fürstentum teil, wurde gefangengenommen und auf der Burg Werdenberg inhaftiert. Mutig unternahm er in der Nacht einen Fluchtversuch, stürzte aber tödlich vom Burgfelsen ab. Ein anderer Bischof von Chur, ursprünglich ein Österreicher, kämpfte in einer Fehde zu seinem Unglücke auf österreichischer Seite und geriet in Gefangenschaft. Ausgerechnet auf der Burg «Tüffelsruggen» im Hessischen – wirklich kein Ort für einen Bischof – wurde er in den Kerker geworfen, wo er denn auch einsah, dass ein «Teufelsrücken» kein Daueraufenthaltsort für einen Churer Bischof sein kann und verstarb. Die Churer Bischöfe konnten deshalb nicht einmal das für sich in Anspruch nehmen, was man heutzutage von vielen Neo-Bündnern aus Italien, Deutschland oder aus dem Balkan sagt: Sie hätten an keiner Bündner Schlacht teilgenommen, nicht einmal auf der falschen Seite. Denn die Churer Bischöfe haben an Bündner Schlachten teilgenommen, auf der falschen Seite! Das Gleiche gilt übrigens auch für einige Bündner Edle. So haben zwei Haldensteiner aus den Burgen oberhalb dieses Dorfes bei Chur – einer aus der Burg Haldenstein selbst, ein anderer von der Burg Lichtenstein etwas höher – an den Schweizer Schlachten bei Sempach und bei Näfels teilgenommen. Aber auf der falschen, auf der österreichischen Seite! Wobei ihnen in eidgenössischen Augen recht geschah, dass sie fielen. Daraus ersieht man, dass den Bündnern lange vor den ausländerfeindlichen Volksinitiativen eines James Schwarzenbach über Jahrhunderte hinweg die vorherrschende Überfremdung im Bistum Chur die allergrössten Schwierigkeiten bereitete, weil der Churer Bischofssitz nacheinander immer und immer wieder von österreichischen Gastarbeitern besetzt wurde. Erst im 19. Jahrhundert setzte sich die Dreier-Formel durch, ein Bischof von Chur habe 1. katholisch, 2. ledig und 3. ein Bündner zu sein, wobei auf die beiden ersten Bedingungen auch verzichtet werden könne.

Unter diesen Umständen war es auch klar, dass es zwischen den hartköpfigen Bündnern und Churern und dem Bischof auf seinem Sitz nicht immer gemäss der weihnächtlichen Formel «Friede auf Erden» abgehen konnte. Mehrmals stürmten die Churer auf den Bischofsitz und wollten den geistlichen Herrn zur Raison bringen. Aber dieser nutzte zumeist die Tatsache, dass das Bistum Chur damals grösser war als heute und auch weite Teile des Vorarlbergs und des heute italienischen Vinschgaus umfasste. So verzog sich denn der Oberhirte, sobald seine aufmüpfige Herde Miene machte, erneut zu ihm heraufzustürmen, rechtzeitig auf eines seiner Schlösser im Vinschgau, die Fürstenburg oder die Churburg oder hinter die Mauern des Klosters Marienberg, ebenfalls in Südtirol. Der Bischof von Chur gehörte also eindeutig zur bis in die unmittelbare Gegenwart umstrittenen Kategorie der Zweitwohnungs-Besitzer. Besonders augenfällig wurde dies im 15. Jahrhundert, als mit Bischof Johann IV. Naso erneut ein böhmischer Fremdarbeiter auf dem Churer Hof residierte. Die Churer erstürmten und plünderten die bischöfliche Oberstadt, die Churer Akropolis, und mauerten danach das Törchen zwischen Stadt und Hof zu. Doch der Bischof war schon längst nicht mehr dort. Er zeigte den Churern im Wortsinn eine (lange) Naso. Diese von der UNO-Flüchtlingskonvention nicht gedeckte Art der Konfliktlösung zog sich über viele Jahrhunderte bis in die Neuzeit dahin. Mitte des 18. Jahrhunderts eskalierte der Rechtsstreit zwischen Hof und Stadt über die Abgrenzungen ihrer Gerichtsbarkeit derart, dass die Churer an ihrer Sturmrampe am Aufgang zum Hof ein trennendes und vermauertes Tor, das sogenannte Brillentor, errichteten und erst 1854 wieder niederrissen, als eine neue Kantonsverfassung auch das Hofterritorium endgültig der Stadt Chur unterstellte. Dazwischen gab es in dieser Hinsicht auch einmal eine Zwischenlösung. Zu Zeiten der napoleonischen Besetzung Tirols wurde einmal ruchbar, im Churer Priesterseminar sei nur zwei Jahre nach dessen Gründung Pulver gegen Napoleon gehortet und dann nach Südtirol geschmuggelt worden. Deshalb führte der Staat einen Prozess durch, wobei auch Bischof Rudolf von Buol-Schauenstein, der letzte Churer Fürstbischof, beschuldigt wurde, seine würdige Hand im unwürdigen Spiel gehabt zu haben. Der Bischof musste sich zwangsweise für zwei Monate von Chur fernhalten und sich im oftmals nebligen Solothurn aufhalten. Im Zeichen des einsetzenden Tourismus eine harte Massnahme. Auch als im späten 20. Jahrhundert die oben erwähnte Bischofsformel 1. katholisch, 2. ledig, 3. ein Bündner zum allergrössten Unbehagen aller in ihrem zwingenden dritten Teil durchbrochen und mit dem Liechtensteiner Wolfgang Haas ein Nicht-Bündner auf den Churer Bischofsthron gesetzt wurde, wurde die Flucht nach Südtirol wieder aktuell. In den nachfolgenden, intensiven Streitigkeiten mit Stadt, Kanton und aufbegehrenden Gläubigen setzte Bischof Haas die alte Tradition fort und zog sich vor allerlei Unbotmässigkeiten immer wieder ins Kloster Marienberg zurück. Bis er dann unter gütiger Mithilfe des Papstes wieder in seinen riesigen Heimatstaat zurückkehren durfte.

Allerdings blieb der christliche Glaube in Graubünden glücklicherweise nicht auf die Bischöfe beschränkt, anders als vielfach heutzutage. Schon früh schossen in Graubünden auch Klöster in die Höhe. So das heute noch mächtige Kloster St. Johann in Müstair, zu dessen Gründung sich Karl der Grosse höchst persönlich an die Bündner Südgrenze, die damals noch keine war, bemüht haben soll. Offenbar, weil er voraussah, dass diese Kirchenburg dann einmal zum Unesco-Welterbe gehören würde. Oder die Benediktiner-Abtei von Disentis, bei deren Gründung es weit weniger friedlich abging als mit dem grossen Karl. Es war nämlich eine wilde Geschichte mit Mordanschlägen, Kopfabschlagen und abgeschlagene Köpfe-Herumtragen, die es in einer Boulevard-Zeitung mühelos auf S. 1 geschafft hätte. Immerhin stellt das eindrucksvolle Disentiser Klostergebäude bis heute die Schaffenskraft und die Arbeitsamkeit der Benediktiner-Mönche unter Beweis. So, dass all jene gelehrten Spötter Lügen gestraft werden, die das OSB (Ordo Sancti Benedicti), das jeder Benediktiner in Klammer hinter seinen Namen setzt, konsequent mit «Ohne Schwere Beschäftigung» übersetzen.

Wie Graubünden Eingang in die Weltliteratur fand

Wie Graubünden Eingang in die Weltliteratur fand

Wie gesagt: Schon früh machte sich in Graubünden jener Erwerbszweig breit, der das Land bis auf den heutigen Tag prägt: der Tourismus. Zuerst lag das Schwergewicht eindeutig auf dem Militärtourismus der Römer, der Österreicher, dann der Franzosen und der Russen. Dann standen auch die Bündner Grenzen lange, lange vor Schengen für einen intensiven Kriminaltourismus offen. Dabei machte sich um die Mitte des 18. Jahrhunderts besonders eine Gesellschaft reisender Kaufleute unter dem weiterum bekannten Räuber-Hauptmann Hannikel aus dem freundnachbarlichen Württemberg in Graubünden einen Namen. Den Bündnern gelang es zwar einmal diesen Hannikel, mit bürgerlichem Namen Jakob Reinhardt – er hiess bezeichnenderweise ebenso Reinhardt wie ein späterer Kommandant der Bündner Kantonspolizei – in Auslieferungshaft zu nehmen und in einem Churer Mauerturm, der dann bis zu seinem Abbruch Hannikel-Turm hiess, festzusetzen. Doch besagter Hannikel benutzte die Personenfreizügigkeit erneut, um unterzutauchen und sich erneut in der nahen Geografie seinen Lebensunterhalt zu verdienen, was Asylbewerbern bekanntlich in der Schweiz bis auf den heutigen Tag verboten ist. Deshalb wurde er dann unter Einbezug von polizeilichen Hilfskräften aus seiner schwäbischen Heimat – derartige befreundete Polizei mit ihren Wasserwerfern kommt den Bündnern bis heute jedes Jahr bei der Bekämpfung der Demonstranten gegen das Davoser World Economic Forum (WEF) zu Hilfe – erneut aufgegriffen. Und diesmal wurde dann Hannikel in seine Heimat ausgeliefert, eigentlich völkerrechtswidrig und nicht im Einklang mit der heutigen schweizerischen Gesetzgebung. Denn in seiner Heimat war Hannikel mit der Todesstrafe bedroht, was heutzutage die Rückschaffung für die Behörden unmöglich gemacht hätte. Doch damals gab es eben zum grossen Ungemach von Hannikel noch wenig internationale Konventionen, weshalb er kurz nach seiner Rückschaffung tatsächlich hingerichtet wurde.

Dank dieses exklusiven Tourismus' kam aber Graubünden zu seinem Erscheinungsbild als Spitzbubenklima und damit auch zu seinem berühmtesten Beitrag zur Weltliteratur. Und dazu zu seinem bekanntesten diplomatischen Zwischenfall. Denn in der Erstausgabe seiner «Räuber» liess Friedrich Schiller seinen weltgewandten Ganoven Spiegelberg schon im zweiten Akt zu seinem Raubgenossen Razmann sagen: «Denn siehst, ich pfleg' immer zu sagen: einen honetten Mann kann man aus jedem Weidenstumpen formen, aber zu einem Spitzbuben will's Grütz – auch gehört darzu ein eigenes Nationalgenie, ein gewisses, dass ich so sage, Spitzbubenklima, und da rat' ich dir, reis' du in's Graubündner Land, das ist das Athen der heutigen Gauner.» Und der begeisterte Razmann antwortete: «Bruder! man hat mir überhaupt das ganze Italien gerühmt.» Bekanntlich hatte Friedrich Schiller wegen seiner aufrührerischen «Räuber» allerhöchste Unannehmlichkeiten. Der Herzog von Württemberg befahl ihm kategorisch, sich für alle Zukunft auf medizinische

Schriften zu beschränken. Dazu kam Schillers Pech mit den Bündnern. Denn als eine der ersten Vorstellungen der «Räuber» über die Bühne des Hamburger Theaters ging, sassen im Publikum auch zwei junge Barone aus dem berühmten Bündner Geschlecht derer von Salis, die ihr aus Hamburg stammender Hauslehrer Carl Wredow auf einer Reise in seine Heimatstadt gebracht hatte. Nach Graubünden zurückgekehrt, berichtete diese Reisegesellschaft dem Oberhaupt der Salis-Familie und vor allem dessen Schwager, einem schreibenden Mediziner namens Johann Georg Amstein, über den unerhörten Angriff auf die Staatsehre des damals noch unabhängigen Graubündens. Johann Georg Amstein schrieb darauf persönlich an einen Dr. Schieler in Stuttgart: «Haben Sie mein Herr, Bünden bei Bündnern kennengelernt, waren Sie selbst in dem Lande, unter dem Volk, das Sie so fürchterlich brandmarken, und glauben dort die Veranlassung zu ihrem Urtheile gefunden zu haben, so machen Sie entweder unverzeihliche Fehlschlüsse, oder Sie begehen eine höchst unvorsichtige Verwechslung.» Amstein – immer diese Journalisten – machte das Ganze aber auch in einer Zeitschrift publik, was natürlich die Bündner Behörden auf den Plan rief, die lauthals in Stuttgart protestierten: «So zeigten Ihro Weisheit der reg. Herr Bundlandammann an, dass ein auswärtiger Kommödienschreiber, dem Vernehmen nach ein württembergischer Arzt, in einem herausgekommenen Schauspiel den Bündner Namen auf die verletztlichste Weise zu öffentlicher Beschimpfung der Einwohner unseres Freistaats misshandelt hat.» Die Folgen der Bündner Intervention sind bekannt: Schreib-, ja eigentlich Berufsverbot für Schiller. Viel besser waren allerdings die Folgen für den Thurgauer Amstein und den Deutschen Carl Wredow. Sie wurden wegen ihrer tapferen Verteidigung des hehren Bündner Namens Bündner – und im Falle von Wredow, damit wenig später Schweizer. Und dies alles ohne Asylantrag, ohne Urnenabstimmung oder Abstimmung in einer Gemeindeversammlung. Und vor allem ohne Einkaufstaxe. Friedrich Schiller war also indirekt der erste Schweizermacher der Weltgeschichte. Aus der ganzen Geschichte ergeben sich allerdings noch zwei weitere Grundtatsachen. Erstens: In Graubünden ging es tatsächlich damals bunt zu und her. Zwar haben eifrige Historiker herausgefunden, dass besagter Hannikel erst einige Jahre später in Graubünden den Höhepunkt seiner glanzvollen Karriere erreichte, doch das Spitzbubenklima war offenbar gegeben. Und besteht offenbar nach Auffassung «auswärtiger Schreiber» heute immer noch. Denn noch 2006 bezeichnete ein journalistischer Schreiber in der Zürcher Wochenschrift «Weltwoche» die bündnerischen Romanen in einem berühmt gewordenen Artikel als «Räuber, Subventionsjäger, Abzocker». Zweitens aber ergibt sich aus dem Vorgang auch die unumstössliche Tatsache, dass der junge Friedrich Schiller nicht genau wusste, wo Graubünden liegt, beziehungsweise wie gross es damals war. Graubünden war ja immer noch im Besitze der drei südlichen, italienischsprachigen Untertanengebiete Veltlin, Cläven (heute Chiavenna) und Bormio (damals Worms genannt), welche die Bündner 1512 erobert hatten. So beweist denn die Antwort von Razmann über den Ruhm von ganz Italien in der Räubergilde: Schiller zählte ganz Graubünden einfach zu Italien und scherte sich kein' Deut um seine Staatlichkeit. So war er denn auch durchaus bereit, in späteren Ausgaben der «Räuber» zur allgemeinen Beruhigung beizutragen. In dieser Version empfahl dann der Edelräuber Spiegelberg auf den deutschen Bühnen seinem Spiessgesellen Razmann statt Graubünden einfach «die böhmischen Wälder» für seine kriminaltouristische Reisetätigkeit. Noch später, in politisch weniger korrekten Zeiten und Werkausgaben, tauchte dann die unkorrekte, bündnerische Reiseempfehlung in den deutschen Theatern allerdings wieder auf. Lange bevor Graubünden selbst durch seine Marketing-Organisation Graubünden Ferien eigene Reiseempfehlungen für das Land der Bündner herauszugeben begann.

Aber eben: Im Grunde war Friedrich Schiller nur einer Basler Spur gefolgt. Denn schon einige Jahrhunderte früher hatte einer der ersten Schweizer Bild-Journalisten, der Basler Geograf und Kupferstecher Sebastian Münster, in der ersten Auflage seiner «Cosmographey» geschrieben: «Die Engadiner sind schlimmere Diebe als die Zigeuner.» Aber auch er musste dieses ehrenrührige Urteil in seinen späteren Auflagen revozieren, waren doch zwei Engadiner Adlige eigens zum Zwecke nach Basel gereist, Sebastian Münster eine Kopfwäsche, wenn nicht noch Schlimmeres, zu verpassen. Wobei nicht überliefert ist, ob bei diesen «diebischen Engadinern» bereits an die spätere Preisgestaltung in den Engadiner Luxusherbergen gedacht worden ist.

Doch nicht nur als frühe Schweizermacher haben sich die Bündner hervorgetan, sondern auch als schlagkräftige Heiligenmacher. Als zu Zeiten der Gegenreformation ein unglücklicher deutscher, katholischer Gastarbeiter namens Fidelis von Sigmaringen den hoffnungslosen Versuch unternahm, die schon damals stockevangelischen Prättigauer wieder zurück in den Mutterschoss der allein seligmachenden Kirche zu führen, wurde er im sonnigen Bergdorf Seewis kurzerhand aus der Kirche vertrieben und auf der Flucht erschlagen. Womit ihm die Prättigauer allerdings auch, ungewollt, aber effektiv, zu seiner nachmaligen Heiligkeit verhalfen. Oder wie das ganze Geschehen ein Chronist schon damals korrekt schilderte: «Da er über die hoche Freydhof Mauer hinabgesprungen und zirka vier Büchsen Schüss weit durch die under der Kirchen ligende Gütter, in Prada genannt, hinabgeloffen, vermeinende zu echappieren, ist aber noch von Bauren ereyleit, und alldorten ordentlich erschlagen worden, wormit ihm aber unsere Seewiser den grössten Dienst geleistet, dann ohne sie wurde er wohl nimmermehr ein so grosser Wunderthäter worden, noch zu so hochen Ehren gestiegen sein würde.»

Wie Graubünden zum Veltlin und zum Veltliner kam

Wie Graubünden zum Veltlin und zum Veltliner kam

Von den ursprünglichen Rätern in der «urhaft, wahrhaft alpischen Rätia» geblieben war den Bündnern durch Jahrhunderte hindurch die urhafte Kriegstüchtigkeit, die Lust am Raufen und Dreinschlagen, sodass sie der mailändische Feldherr Gian Giacomo Trivulzio einmal sogar als «gens barbara, inemica Dei» (ein barbarisches Volk, Feinde Gottes) beschimpfte. Aber der echte Widerstand im Süden gegen die Bündner wurde durch derartige Diffamierungen keineswegs gestärkt, sondern brach bald einmal zusammen. Und so kam es denn, wie gehabt, dass die Bündner trotz allem südlichere, zivilisatorisch viel weiter fortgeschrittene Gefilde eroberten. Beispielsweise das Veltlin, wo der schon von Kaiser Augustus hochgeschätzte «vinum raeticum» von den Talhängen quoll. Kein Wunder, dass die Bündner diese Gebiete festhielten, bis auch dortzulande die Fanfarenstösse der grossen Revolution aus Frankreich ertönten. Und die Veltliner erhoben sich nicht nur gegen die Bündner, sie konfiszierten gleich auch noch alle ausgedehnten Güter der Bündner in diesen Tälern. Vor allem die Rebgüter, – so wie die Opec heutzutage das Erdöl für jene Staaten reservieren will, in denen es gefördert wird. Nicht umsonst heisst es in einer ersten Erklärung eines revolutionären Aufsichtskommitees der Veltliner – heute würde man wohl sagen «Volksfront zur Befreiung des Veltlins» – lautstark:

«Völker des Veltlins, von Chiavenna. Ihr waret durch Jahrhunderte dem monstruösisten Regime untertan, dem Regime eines herrschenden Volkes über ein anderes. Wenn jetzt die Wünsche der Freunde der Freiheit für die Zukunft gesichert sind und die nationale Gerechtigkeit verlangt, dass man nicht alle erlittenen Ungerechtigkeiten und Ausbeutungen wiederherstellen kann, so muss man doch der Nation wenigstens all das geben, was die verhassten bündnerischen Tyrannen auf ihrem Territorium besitzen.» Und so wurde verfügt. Wenig später hatte der Wiener Kongress neben dem Tanzen auch noch Zeit, den Verlust dieser Gebiete für die Bündner und die Beschlagnahmung ihrer Güter, die sogenannte «Confisca», zu bestätigen.

Seither ist der Verlust dieser Untertanengebiete für jeden Bündner ein Zielpunkt unstillbaren Heimwehs geblieben. Nicht nur des Weines wegen, aber auch wegen des Weines. Schliesslich fand im 19. Jahrhundert ein grosser Bündner Historiker und romanischer Dichter, der auch ein in Chur stadtbekanntes, trinkfreudiges Original war, für diese unstillbare Nostalgie der Bündner die bis heute gültige Formel: «Man muss das Veltlin unbedingt zurückerobern, halbliterweise. Ich habe bereits seit geraumer Zeit damit begonnen.»

Für eine Gruppe ganz südlicher Bündner hatte allerdings der Verlust des Veltlins lange Zeit durchaus angenehme Folgen, nämlich für die Bewohner des kleinen Dorfes Cavaione hoch über dem südlichsten Abhang des Puschlavs mit Blick auf das Veltlin. Sie waren nämlich bei der Grenzziehung zwischen dem alten Graubünden und dem jetzt unter österreichischer Herrschaft stehenden lombardo-venezianischen Königreich glatt vergessen worden. So wusste niemand so recht, waren sie nun Bündner oder österreichische Untertanen und nach der italienischen Einheit Italiener, – eben mit der durchaus komfortablen Nebenfolge, dass sie allen allfällig auftauchenden Steuerbeamten, Zöllnern und Rekrutierungsoffizieren in grösster Seelenruhe erklärten, sie gehörten zum jeweils anderen Staat. Womit sie weder auf der einen noch auf der anderen Seite Steuern bezahlten oder Militärdienst leisteten. Und recht gut vom Schmuggel lebten, sodass ein Chronist schreiben konnte: «Sie leben in vorsündfluthlichen und waldursprünglichen Zuständen. Mensch und Tiere wohnen mit und unter einander, Kuh, Kalb, Schwein, Schaf, Geiss, Henne, Mann, Weib und Kinder, Hund und Katze, gewisse kleinere Tierchen nicht gerechnet.» Erst mit einer Grenzbereinigung zwischen der Schweiz und Italien und der neuen Schweizer Bundesverfassung von 1874 war es mit dieser Herrlichkeit endgültig vorbei: Die Cavaionesi wurden Schweizer und Bündner, mussten Steuern zahlen und einrücken. Allerdings, der Schmuggel blieb ihnen und anderen mutigen Leuten bis weit ins 20. Jahrhundert erhalten, und zwar ganz offiziell: Denn der sogenannte Export B von Kaffee und Zigaretten über die vom Schweizer Zoll nicht kontrollierte Grenze in den Bergen hinunter nach Italien, wo viel mehr Steuern und Abgaben auf diesen Dingen erhoben wurden, war von der Schweiz aus gesehen durchaus legal. Ja, es kam sogar soweit, dass viele geschäftstüchtige Puschlaver – man munkelt sogar mit Beihilfe der Behörden – die besten Schmugglerpfade im Gebirge markierten. So bot sich dann während Jahrzehnten das höchst seltsame Bild, dass am frühesten Morgen bis zu 300 (!) Italiener die Schweizer Südgrenze bei Campocologno legal überqueren, irgendwo in den Puschlaver Bergen einen mächtigen Sack Kaffee oder Tabakwaren schulterten, über die grüne Grenze in der Bergwelt gingen und ihre kostbare Fracht noch am gleichen Tag gegen einen relativ guten Taglohn an einem zuvor bestimmten Ort im Veltlin ablieferten. Noch seltsamer war die Tatsache, dass im kleinen Puschlav bald einmal mehr Kaffeeröstereien tätig waren als in der ganzen Ostschweiz und dass im Puschlav mehr Kaffee und Zigaretten verkauft wurden als im gesamten übrigen Graubünden ...

Zudem: Seit den Zeiten der Räter sind auch ihre Nachfahren enragierte Autonomisten und Nostalgiker, die mit jeder Faser am Althergebrachten festhalten. So konnte es kommen, dass in einigen besonders reformierten Tal- und Dorfschaften der «neue» Kalender, mit dem Papst Gregor Mitte des 17. Jahrhunderts die alte, julianische Zählweise der Römer ablöste, erst im 19. Jahrhundert eingeführt wurde. So im schönen Unterengadiner Dorf Sent und im besonders eigenständigen und besonders anti-papistischen Prättigau erst 1811, also erst volle acht Jahre nach dem offiziellen Beitritt Graubündens zum Bunde der Eidgenossen. Im Prättigau zudem erst, nachdem den Talleuten nachdrücklich mit dem Einsatz militärischer Gewalt gedroht worden war, sollten sie sich nicht zur Einführung des neuen, päpstlichen Kalenders bequemen.

Zudem hatte sich bei diesem Kalenderstreit gezeigt, dass entgegen allen Vermutungen oder Befürchtungen die Bündner Frauen viel konservativer sind als die Männer. Als Graubünden nämlich 1972 – ein Jahr nach der Eidgenossenschaft – endlich auch das Frauenstimmrecht einführte, da hatte im Vorfeld mancher

Gegner mit dem Argument dagegen gekämpft, die Frauen seien fortschrittlicher, linker eingestellt. Mit dem Frauenstimmrecht komme in Graubünden der «Sozialismus der Flintenweiber» an die Macht. Aus dem Kalenderstreit von früher hätten diese Männer ersehen können, dass dem nicht so war. Denn damals meldete ein Chronist aus dem Rheinwald: «In dieser Gegend waren die Weiber heftig dagegen, aber die mehreren Männer dafür. Man feyerte das neue Jahr nach dem alten Calender, zählte dann aber gleich den 13. statt den 1.» Oder noch deutlicher aus dem Bündner Oberland: «In Panix hatten die Männer ihn angenommen, aber die Weiber empfingen sie mit Fäusten und Nägeln, da änderten die belehrten Ehemänner es wieder.»

Wie in Graubünden politisch unkorrekt gehandelt wurde

Wie in Graubünden politisch unkorrekt gehandelt wurde

Die in unseren Tagen derart grassierende «Political Correctness» war in Graubündens Geschichte weitgehend unbekannt. Denn schon sehr früh hiess es in einer Gesetzessammlung: «Wellicher den anderen mit der fuest schlecht und blutrunst macht. Item so einer über den anderen zuckt, es sige messer, hauwen, axt, biel oder stecken, ist verfallen ein pfund.» Und da wird jetzt so viel über Jugendgewalt, über gezückte Messer aus dem Balkan, über zunehmende Gewalt im öffentlichen Leben gesagt und geschrieben. Wobei ein Pfund Strafe doch als sehr milde erscheint. Politisch besonders unkorrekt wurde während den «Bündner Wirren» zur Zeit des ersten grossen europäischen Krieges, des Dreissigjährigen, agiert. Die Bündner Wirren heissen zwar genau deshalb so, weil die Lage verworren und die Bündner zwischen den Parteien verwirrt waren. Doch im Grunde der Dinge sind sie einfach zu begreifen. Damals standen sich in Europa zwei grosse Allianzen gegenüber. Einerseits Frankreich und Venedig, beide zwar mit katholischer Bevölkerung, aber mit Schlagseite für die Protestanten. Auf der andern Seite der erzkatholische Verbund Habsburg-Österreich-Spanien. Und beide Gruppierungen grenzten leider im Süden ans Veltlin, an das damalige Graubünden. Südöstlich – ein Vorgriff auf die heutige Bündner

Tageszeitung «Südostschweiz» – war die venezianische Republik der Nachbar Graubündens, weiter im Westen das Herzogtum Mailand, damals im Besitz von Österreich-Spanien. Und beide, Frankreich und Venedig auf der einen und Österreich-Spanien auf der anderen Seite, suchten durch das Veltlin die strategisch wichtige Verbindung herzustellen. Und die entsprechenden Bundesgenossen dafür in Graubünden.

Deshalb diese vielen, vielen politisch völlig unkorrekten Verhaltensweisen in Graubünden. Da berief ein protestantischer Pfarrer namens Jürg Jenatsch, völlig entgegen der liberalen Forderung nach der Trennung von Kirche und Staat und völlig entgegen der berühmten Trennung der Gewalten, ein Strafgericht nach Thusis ein und liess dort einen Erzpriester des Veltlins namens Nicolò Rusca zu Tode foltern. Wenig später überfiel er zusammen mit einem Trupp Gleichgesinnter, vor allem gottesfürchtiger Theologen, die sich zu allem Überfluss noch «die Gutherzigen» nannten, das Schloss Rietberg im Domleschg und ermordete dorten den Leader der spanisch-habsburgischen katholischen Partei, Pompeius von Planta. Der gleiche Jenatsch wurde dann allerdings später als echter Wendehals selber auch katholisch. Doch dies nützte ihm letztlich nur wenig: Er wurde im Zuge eines einmaligen Höhepunktes der jetzt eher schlapp gewordenen Churer Fasnacht seinerseits erschlagen. Und zwar in einer Churer Beiz mit dem höchst seltsamen Namen «Staubiges Hüetli» (Staubiger Hut), die an der Poststrasse stand und bezeichnenderweise von einem ehemaligen Kapuzinerpater geführt wurde. An genau diesem Ort befindet sich jetzt das Gebäude des Bündner Kantonsgerichtes, doch auch dieser Vorgriff hat Jenatsch und seinen Angehörigen rein gar nichts genützt. Seine Mörder wurden nie gefunden, sie standen nie vor einem Gericht.

Doch Jahrhunderte später zeitigten diese bunten Ereignisse doch noch Folgen. Da hatte die Niederlassung der Schweizerischen Bankgesellschaft in Chur einen Direktor, der ebenfalls auf den Namen Rusca hörte. Wahrscheinlich kaum ein direkter Nachfahre des frommen Veltliner Erzpriesters, aber immerhin ein Rusca. Gleichzeitig gab es den namhaften Bündner Cinéasten Daniel Schmid, der einen Film über Jürg Jenatsch drehte und nach Sponsoren suchte. Und wo wurde er in Chur fündig? Bei der Direktion der Niederlassung des Schweizer Bankvereins, der damals in schärfstem Konkurrenzverhältnis zur Bankgesellschaft stand und deshalb den Jenatsch-Film mächtig subventionierte. Warum? Weil dieser Jenatsch schon einmal einen Rusca erfolgreich gefoltert habe.

Dem ursprünglichen Jenatsch ist aber trotzdem ein Denkmal gesetzt worden, wenigstens in der Literatur. Und dies, obwohl er schliesslich katholisch geworden ist, vom prononciert reformierten Zürcher Conrad Ferdinand Meyer, einem der grössten Schweizer Dichter. Zwar ist bis heute umstritten, ob Jenatsch mit Vornamen wirklich Jürg hiess, wie Meyer ihn in seinem Roman nennt, oder doch Jörg. (Jenatsch selbst schrieb als dreisprachiger echter Bündner zumeist Italienisch und nannte sich Giorgio) Doch Jürg Jenatsch ist dank Meyer auf jeden Fall unsterblich geworden. Genau so wie sein Freund und späterer Gegenspieler, der «gute Herzog» Henri de Rohan aus Frankreich, von dem die Bündner bis heute gerne glauben, er habe höchstpersönlich die ersten Pinot Noir-Trauben von der Blauburgunderrebe nach Graubünden gebracht, die bis heute in den Rebbergen der Bündner Herrschaft derart freudespendend gedeihen. Obwohl doch dieser Herzog Rohan ein strenggläubiger Anhänger seines Landsmannes Jean Calvin war – und gestrenge Calvinisten entsagen zumeist weltlichen Genüssen wie der Süsse des Weins. Conrad Ferdinand Meyer hat allerdings für die Bündner noch mehr getan als Henri de Rohan. Er hat auch dem Volkscharakter und der Mentalität der Bündner ein unvergessliches Denkmal gesetzt, indem er diese «als nordisch mannhaft und südlich geschmeidig zugleich» beschrieb. Gewissermassen eine weltliterarische Wiedergutmachungsaktion – nicht nur für Schillers völlig unkorrekte Bezeichnung Graubündens als «Athen der heutigen Gauner». Sondern auch für eine «Beschreibung des physischen Zustandes der Bündner», die ungefähr 50 Jahre nach Schiller, aber noch deutlich vor Meyer erschienen ist, natürlich auch diesmal aus der Feder eines Deutschen. Darin hiess es übellaunig, antiemanzipatorisch und antifeministisch: «Das weibliche Geschlecht darf in Bünden im Durchschnitt nicht mit gleichem Recht auf die Bezeichnung des s c h ö n e n Anspruch machen, wie in einigen andern Gebirgsgegenden der Schweiz. Am vortheilhaftesten dürfte diesfalls sich das Prättigau auszeichnen. Einen ausserordentlichen grossen und kräftigen Schlag von Weibspersonen und dabei viel blühende Gesichter hat das Bergeller Thal aufzuweisen. Was an den Weibspersonen der Bergthäler höchst unangenehm ins Auge fällt, ist die schwerfällige und oft vorwärtsgebeugte Haltung des Körpers, die sie durch das Tragen schwerer Lasten auf Kopf und Nacken, vorzüglich der grossen Heubürden anzunehmen pflegen. Noch verdienen als eine besondere Zierde fast aller Bewohner der höheren Gegenden ihre ausgezeichnet schönen Zähne bemerkt zu werden.» Allerdings bekam dann in der gleichen Beschreibung auch der männliche Bündner sein Fett ab: «Der Bündner pflegt sich meistens nur eben die besondere, seinem Berufe nöthige körperliche Geschicklichkeit anzueigenen, nicht aber jene Gewandtheit, wie man sie z. B. beim Bewohner der Appenzeller Berge fast durchgehends antrifft. Vielmehr zeigt hier selbst der junge Alpensohn mehrenteils eine eher schwerfällige, träge, oft scheinbar schlaffe Haltung.»

Da hinterliessen wenigstens die Bündner Männer einige Jahre später an einem Festzug des eidgenössischen Schützenfestes in Zürich doch einen viel positiveren Eindruck. Denn sogar die schon damals weltberühmte «Neue Zürcher Zeitung» schilderte die Bündner in bewegten und bewegenden Worten: «Der stattliche Einzug der Bündner bot einen freudigen Anblick. Ihrer 130 schön gewachsener Männer in den besten Jahren, mit ihren Jägerröcken, Stutzer und Waidsack um die Schultern und mit grauen Hüten, als Zeichen ihres Bundes, welche die ausdrucksvollen, lichtbraunen Gesichter beschatteten, aus denen Besonnenheit, Mut und Kraft so herrlich strahlten.» Überhaupt: Graubünden und Zürich. Als die Bündner begannen, ihre Wasserkräfte nutzbar zu machen und vor allem die grosse Stadt an der Limmat zu beliefern, da erreichte der dichterische Aufschwung der Bündner unerwartete Höhen. In einem Festspiel liess der Dichter den Zürcher Fluss Limmat zu den Bündner Flüssen sagen:

> Reicht, meine Schwestern, mir die Hand
> Ich führ' Euch hin zum Limmatstrand
> dort sollt ihr uns willkommen sein,
> Und Eure Kraft wird unser Segen sein.

Und die Bündner Flüsse antworteten mit einer Liebeserklärung:

> Dein guter Sinn hat uns ergriffen,
> Wir sind des Kampfes müd und satt
> Und ewig treu wollen wir bleiben
> Dir, lieben, trauten Limmatstadt.

Trotz all dieser politisch völlig unkorrekten Polemik für oder wider die Wohlgestalt der Bündner und vor allem der Bündnerinnen hat es doch eine Bündnerin zur mit Sicherheit immerwährend weltberühmtesten Schweizerin aller Zeiten geschafft. Nämlich das «Heidi», wenn auch bezeichnenderweise durch die Bücher einer Zürcherin. Denn aller späterer Verwirrung zum Trotz ist das «Heidi» eine echte Maienfelderin, steht doch bereits im ersten Satz des ersten Heidi-Buches der Zürcherin Johanna Spyri am Anfang von Heidis Wege zum Ruhm unmissverständlich: «Vom freundlich gelegenen, alten Städtchen Mayenfeld aus führt ein Fussweg durch grüne, baumreiche Fluren bis zum Fusse der Höhen, die von dieser Seite gross und ernst auf das Tal herniederschauen. Auf diesem schmalen Bergpfad stieg am hellen, sonnigen Junimorgen ein grosses, kräftig aussehendes Mädchen dieses Berglandes hinan.» In viel späteren, viel unruhigeren Zeiten entbrannte aber trotzdem ein politisch völlig unkorrekter Kampf um diese kräftige Heidi-Gestalt. Ein berühmter Kurdirektor aus dem noch berühmteren St. Moritz kam auf die in seinen Augen glänzende Idee, die international arrivierte Maienfelderin zur Engadinerin umzufunktionieren und das Heidi-Land werbeträchtig ins Engadin zu verlegen. Immerhin noch in Graubünden, knurrte damals schon mancher Bündner. Endgültig vorbei mit der Bergidylle war es dann allerdings, als die Maienfeld benachbarte Region St. Galler Oberland ebenfalls dazu überging, das Heidi zu expatrieren und sich selbst den Titel Heidi-Land mit dito Mineralwasser anzumassen. Jetzt war in Maienfeld Feuer im Dach: Das Heidi eine ausserkantonale, das Heidi eine St. Gallerin – niemals! So lautete der grösste Bündner Schlachtruf seit den Schlachten des Schwabenkrieges. «Das Heidi gehört uns und wird immer bei uns bleiben», knurrte der damalige Maienfelder Stadtpräsident in die Fernsehkameras. Die politischen Unkorrektheiten, die hatten allerdings in Graubünden schon viel früher begonnen. Da gab es beispielsweise auch in Graubünden Landsgemeinden, wo die Bürger – die Bürgerinnen mussten noch lange, lange Zeit derweilen zu Hause am Herd wachen und kochen – unter freiem Himmel zusammenkamen und mit erhobenen Händen Wahlen oder politische Schicksalsfragen «ausmehrten». Allerdings nicht in einer jährlichen Versammlung für den ganzen Kanton wie früher in den Schweizer Landsgemeindekantonen, sondern eine Landsgemeinde in jedem Hochgericht, – einem Glied der alten Bündner Landeseinteilung.

Doch wie gesagt: Politisch korrekt lief (auch) dort nicht immer alles. Schon zu Beginn des 17. Jahrhunderts kritisierte ein vornehmer Venezianer, den seine Republik als Gesandten nach Graubünden geschickt hatte, in einem Hintergrundbericht, das einfache Volk, «welches ungelehrt und ohne jedes andere Wissen ist, ausser zur Pflege des Viehs», werde manipuliert und bestochen: «Da betrügen sie sie mit falschen Berichten, oder mit dunklen Verschwörungen, oder durch Bezahlung des Trunkes und es geschieht auch, dass sie sie mit Faustschlägen zwingen die Hände hoch zu heben.» Aber eben schon damals hiess es dann: Nicht jeder Gesandte ist ein Geschickter.

Auch mehr als 150 Jahre später wollten einem englischen Reiseschriftsteller – schliesslich ein Mann aus dem Mutterland aller Parlamente – die Bündner Versammlungen nicht so recht gefallen: «Durch mancherley dergleichen Kunstgriffe erlangt endlich der grösste Theil der Abgeordneten die Macht, nach Belieben zu stimmen; und da sie diese Macht hauptsächlich durch Bestechung ihrer Konstituenten erhalten, so verkaufen die meisten von ihnen ihre Stimmen wieder an die angesehensten Personen. Den die meisten Gegenstände der Berathschlagung und die meisten Prozesse werden durch Bestechung entschieden.»

Führte Bestechung für einmal nicht zum Ziele, so wurde zu einem politisch noch viel unkorrekteren Mittel gegriffen: Gewalt. Noch in der Mitte des 18. Jahrhunderts kam es auf der Landsgemeinde von Tomils im schönen Domleschg zu Ereignissen, die heute die ersten fünf Seiten einer Boulevardzeitung glatt füllen würden. Die Familien Salis und Travers stritten sich um den grössten Einfluss. Als aber die Landsgemeinde sich gefährlich auf die Seite der Salis neigte, da stürmte der Junker Travers mit seinen Anhängern einfach wild um sich schiessend und schlagend auf den Platz und sprengte die Versammlung. Bilanz: Drei Tote und mehrere Verletzte.

Ämterkauf und Raffgier der Manager jener Zeit trugen denn auch zum schlechten Ruf der Bündner Verwaltung in den Untertanenlanden bei. So war es den Veltlinern bei hohen Geldstrafen verboten, Waffen in ihren Häusern zu horten oder gar zu tragen. Deshalb liess einmal ein Bündner Oberamtmann durch seine einheimische Dienerschaft den einheimischen Familien in der Nacht Waffen verteilen, angeblich zum Schutz und zur Konspiration gegen die Bündner. Allerdings nur, damit diese dann am Tag darauf nach den Angaben der gleichen, vertrauten und bezahlten, Dienerschaft wieder «aufgefunden» und mit hohen Bussen belegt werden konnten. Lange vor dem italienischen Reeder und Stadtpräsidenten von bella Napoli, Achille Lauro, haben also die Bündner im Vorhof Italiens eine politisch völlig unkorrekte Entdeckung gemacht. Lauro liess nämlich nach dem Weltkrieg den Armen seiner Stadt vor den Wahlen immer linke Schuhe verteilen. Nach den Wahlen mussten diese ihm durch bestimmte Zeichen dokumentieren, dass sie für ihn gewählt hatten: Dann erhielten sie auch den rechten Schuh dazu.

Der Umgang der Bündner mit der schweizerischen direkten Demokratie ist auf jeden Fall bis in moderne Tage dann und wann locker geblieben. Als Bundesbern einmal in völliger Verkennung bündnerischer Jagdleidenschaft die freundeidgenössische Gedankenlosigkeit hatte, ausgerechnet zur Jagdzeit eine eidgenössische Volksabstimmung anzusetzen, da weigerte sich der Präsident einer Gemeinde im besonders jagdfiebrigen

Münstertal glatt, diese durchzuführen. Begründung: Es befänden sich ohnehin alle Stimmbürger auf der Jagd. Als dann aus Bern und aus der Bündner Staatskanzlei, die offiziell Standeskanzlei heisst, die ernste Mahnung erfolgte, das gehe nicht an, das sei gesetzeswidrig, da antwortete der gleiche Gemeindepräsident: «Dann werde ich eben das Resultat schätzen und weitermelden. Ich weiss ohnehin von jedem einzelnen Stimmbürger ganz genau, wie er abstimmen wird.» Was umgekehrt sowohl in Chur als auch in Bern nur mit sehr mässiger Begeisterung aufgenommen wurde.

Die erwähnte Bündner Standeskanzlei, das administrative Gehirn des Kantons, ist übrigens an der Churer Reichsgasse domiziliert. Diese heisst so, weil durch diese Gasse einige deutsche Kaiser und Könige durch Chur und dann über die Bündner Alpenpässe zur Krönung nach Rom zogen. Deshalb verfiel die einheimische Presse bereits nach dem Ersten Weltkrieg auf die naheliegende Idee, den Leiter dieser eigentlichen Bündner Staatskanzlei statt Standeskanzlist kurzerhand Reichskanzler zu nennen. Was bei diesem wiederum nur mässige Begeisterung ausgelöst haben soll.

Eine andere Münstertaler Gemeinde gelangte in jüngster Zeit ebenfalls in direktdemokratischem Zusammenhang zu Ruhm. Die Schweizer Stimmbürgerinnen und Stimmbürger hatten gegen das Ende des 20. Jahrhunderts zu entscheiden, ob die Schweiz dem Europäischen Wirtschaftsraum (EWR) beitreten solle oder nicht. Hauptsächlicher Widersacher des Beitritts war der damalige Zürcher Nationalrat Christoph Blocher, später Bundesrat, als Ems-Chemie-Besitzer zugleich Kapitän des grössten Bündner Industrieunternehmens. Bei dieser Abstimmung nun sprachen sich alle Stimmberechtigten der Münstertaler Gemeinde Lü, an der Grenze zu Südtirol, alles hundertprozentige Patrioten, unisono gegen den Beitritt zum EWR aus. Diese Nullnummer für das Ja in Lü freute den erwähnten Christoph Blocher derart, dass er der Gemeinde die längst überfällige Reparatur des Kirchendaches bezahlte.

Auch die Wiener Konvention über die Immunität des diplomatischen Personals, worin es heisst «der diplomatische Vertreter unterliegt keiner Festnahme oder Haft irgendwelcher Art und der Empfangsstaat trifft alle geeigneten Massnahmen, um jeden Angriff auf seine Person, seine Freiheit oder seine Würde zu verhindern», wurde in Graubünden nicht immer politisch korrekt umgesetzt. So beispielsweise durch Thomas Massner, einen durch Zollpacht und das rentable Transportsystem über die Bündner Alpenpässe reich gewordenen Churer. Als Massner in Streitigkeiten mit der damaligen Grossmacht Frankreich geriet, liess er auf Bündner Territorium südlich von Chiavenna einfach einen Botschaftskurier Frankreichs überfallen und seiner Akten berauben. Ein klarer Verstoss gegen die erwähnte Wiener Konvention. Doch Frankreich schlug zurück und nahm Massners Sohn, der unvorsichtigerweise durch Frankreich reiste, in Festungshaft. Dies wiederum liess sich Massner nicht gefallen. Seinerseits überfiel er nun, erneut entgegen der Wiener Konvention und entgegen der Freundlichkeits-Offensive des Bündner Fremdenverkehrsvereins, bei Felsberg einen Verwandten des französischen Königs, den Herzog von Vendôme, der ebenso unvorsichtig durch Graubünden reiste. Und lieferte diesen nach einer abenteuerlichen Flossfahrt auf dem Rhein den Österreichern, den Erzfeinden Frankreichs, aus. Doch dies war jetzt sogar den Bündnern zuviel: Massner wurde verurteilt, wollte fliehen, stürzte aber auf der Flucht im Fürstenland Liechtenstein aus der Kutsche und verstarb.

Nur wenig später kam es, wiederum auf Bündner Südterritorium, zu einem neuen Übergriff: Nicht ohne Mitwirkung von Bündnern wurden bei Novate am Comersee zwei französische Gesandte durch österreichische Häscher überfallen und ins damals österreichische Mantua abgeführt. Zwei Jahre dauerten die Verhandlungen. Erst dann wurden die zwei unglücklichen Diplomaten endlich gegen Gefangene in Frankreich ausgetauscht.

Doch auch das diplomatische Korps selbst verhielt sich nicht immer nach den Paragraphen der Wiener Konvention. So gerieten einmal auf einem Feste auf dem Churer Hof, gewissermassen unter den Augen des Bischofs, wegen unterschiedlicher Interessen an den Bündnern Söldnern der französische Gesandte bei den Bündnern und sein spanischer Kollege in heftigsten Streit. Da zog der Franzose sogar seinen Degen und vertrieb den Spanier. «Der Franzmann behauptete den Platz», wie es in einer Chronik sehr schön heisst. Noch schlimmer ein Jahrhundert später. Diesmal wurde auf einer Tagung in Maienfeld der Bundeslandamman des Bündner Zehngerichtebundes vom französischen

Gesandten bei der Eidgenossenschaft höchst undiplomatisch angefallen und erstochen.

Ein Anflug politischer Unkorrektheit durchzog Graubünden auch in den ersten Jahren des sonst doch so politisch korrekten 21. Jahrhunderts. Allerdings fälschlicherweise. Da gab es einen freigesinnten, wahrhaft liberalen Bündner Regierungsrat, der auch gegenüber dem weiblichen Geschlecht durchaus kein Kind von Traurigkeit war. Dergestalt, dass er zu diesem Zeitpunkte bereits zum dritten Male konsequent den Hafen der Ehe anstrebte. Auf diesen Wegen soll er irgendwie in den Bündner Ferienecken einen reichen Griechen kennengelernt haben, der ebenfalls etwas Besonderes angestrebt haben soll, nämlich eine Niederlassungsbewilligung in der Schweiz. Wie schon im alten Griechenland durchaus üblich, lud besagter Grieche den besagten Regierungsrat und seine neue, attraktive Gefährtin und eine beträchtliche Gefolgschaft zu zahlreichen Gastmählern ein. Worauf als Gipfelpunkt der jungen Freundschaft die reiche griechische Gattin der neuen Bündner Regierungsratsgattin einen – getragenen – Pelzmantel schenkte. Welche diesen prompt am jährlichen World Economic Forum WEF dem amerikanischen Präsidenten Clinton und eben der Welt vorführte. Was doppelt gefährlich war. Erstens bei den bekannten Neigungen des damaligen amerikanischen Präsidenten zu jungen Frauen. Und zweitens politisch. Denn in der bekannten bunten Presse tauchte der Verdacht auf, die Griechin (und der Grieche) hätten die Bündnerin und den Bündner nur deshalb gesucht, um an ihr grosses Ziel, die Bewiligung heranzukommen. Daraus ergab sich ein Sommertheater; wegen der neuen Bekleidung seiner Gattin wurde dem Regierungsrat ein Teil seiner bisher bekleideten Dikasterien entzogen und eine Untersuchung gegen ihn eröffnet. Doch alles endete dann, ohne dass etwas Unrechtes zu Tage gefördert worden wäre. Sogar der griechische Pelzmantel wurde nicht mehr offiziell gesehen.

Wie die Bündner zu den ersten Cafetiers der Welt wurden

Wie die Bündner zu den ersten Cafetiers der Welt wurden

Lange Zeit lebten also die alten Räter und ihre Nachfahren in ihren «festen Bergen» zufrieden von der Scholle und vom damaligen Alptransit sowie von ihrer einzigen Exportindustrie, dem Waffenhandwerk in der Fremde. Aber: Sei es, dass die harten Burschen nach den Schlachten – Schlachten im Sinne von Abschlachten des besiegten Gegners ist hier durchaus tatsächlich, faktisch – nach einem viel sanfteren, süsseren Handwerk suchten, ganz im Sinne unserer heutigen psychologischen Unterstützung durch Care-Teams. Sei es, dass sie in fremden Ländern nachts auf der Wach nicht nur von «einem Lieb und einem Spiel», sondern auch von Zuckerinseln träumten: Auf jeden Fall wurden aus den rauhen Gesellen die Zuckerbäcker der Welt. Dergestalt, dass ein deutscher Professor dann im 19. Jahrhundert festhalten konnte: «Alle jene sogenannten Schweizer Bäcker, die in London und Neapel, in Petersburg und Lissabon, ja in New York dieselbe Ware liefern, sie stammen aus dem Engadin oder einem der nächsten Täler. Sie breiten ihr süsses Netz über Europa aus und wandern von einer Hauptstadt zur andern.» Besonders die prächtige Lagunenstadt Venedig und die ganze dazugehörige «Serenissima Repubblica di San Marco» war für diese Bündner ein mächtiger Anziehungspunkt. Denn seit sich die Bündner mit Waffengewalt in den Besitz des Veltlins gesetzt hatten, war diese Republik in den Bergamasker Bergen ihre unmittelbare Grenznachbarin. So kam es bald einmal, dass ein Chronist notieren konnte: «Von allerhand Sorten Bündnern sollen gegen 3000 in Venedig sich befinden und von dannen ihr Brot ziehen, die meisten aber sind Engadiner und Bergeller. Die oberen Engadiner participieren etwas mehr von der Italiener Geschwindig- und Höflichkeit, die im unteren Engadin sind in genere etwas rauh von Sitten. Übrigens ist die ganze Nation ein frisch Volk.»

Offenbar war dieses Volk so «frisch», dass es als erstes auf der Welt in Venedig zu seinem Zucker-Gebäck auch den vom Orient her vordringenden Kaffee zu servieren begann. Die ersten Cafetiers der Welt, die ersten Kaffeehäuser, die Stammzelle aller intellektuellen Treffpunkte von Wien bis St. Petersburg oder New York, waren geboren worden. Auch hier war am Anfang eine Idee, von der, wie fast immer, hinterher niemand mehr weiss, wer sie als erster gehabt hat. Doch die Idee war sicher eine bündnerische, denn bald einmal befanden sich in Venedig von 42 Coffeeshops, wie man heute sagen würde, 38 fest in Bündner Hand.

Doch wie es in der Geschichte so geht, die Konkurrenz schläft nicht. So auch die venezianische nicht, die auf eine Besonderheit dieser Bündner aufmerksam machte: Die meisten unter diesen eingewanderten Cafetiers waren reformiert, evangelisch, protestantisch, – ganz im Gegensatz zur überwiegenden Mehrheit der Venezianer. Deshalb wurden die Bündner immer wieder bei der Religions-Oberbehörde, dem «Magistrato contro la Biastemmia» (wörtlich dem Rat gegen das Fluchen und Lästern) verklagt.

Dazu kam, dass Graubünden in der Mitte des 18. Jahrhunderts aus den üblichen politischen Gründen in einem «renversement des alliances» von Venedig weg und zum damals habsburgischen Mailand wechselte. Auch dies nutzte die einheimische Konkurrenz gegen die Bündner weidlich aus – und gewann: Auf einen Schlag mussten über 250 Bündner Betriebe auf Weisung des Magistrats ihre Tore schliessen, über 1000 Bündnerinnen und Bündner die Stadt verlassen. Und wurden zerstreut in alle Winde. Denn jetzt begann die Ausbreitung dieser Bündner Konditoren, Zuckerbäcker, Patissiers, Cafetiers und später Hoteliers über ganz Europa. Von Spanien bis nach Odessa, von Warschau bis Bari. Nicht umsonst haben die Bündner, als sie viel, viel später zu ihrer ersten und bisher einzigen Chemie-Fabrik gelangten, dieser den wunderbar an ihre Zuckerbäcker-Tradition erinnernden Namen «Holzverzuckerung» gegeben, obwohl es in dieser Holzverzuckerung um etwas ganz anderes als um süsse Zuckerkuchen ging. Nämlich um die Gewinnung von Treibstoff aus Holz. Doch die Zucker-Tradition war eben da. Es gab Zeiten, da verfügte das Zuckerrohr-lose Graubünden durch seine Auswandererfamilien in Europa über mehr als 800 Kaffeehäuser und Hotels. Und aus den Berglern wurden weltgewandte Gastgeber, aus ihren Namen elegante Ableitungen. So wurde aus einem einfachen Davoser Branger in St. Petersburg ein französisch klingender Béranger, aus einem Engadiner Flugi ein Flouch.

Manche dieser Cafés, ihre Besitzer und ihre Gäste wurden bekannt, berühmt oder auch berüchtigt, in einigen spiegelte sich die Weltgeschichte … oder Teile davon. An der zentralen Römer Piazza Colonna, gleich gegenüber dem Regierungssitz des italienischen Ministerpräsidenten im Palazzo Chigi oder dem Parlament auf Montecitorio, stand bis über die Mitte des 20. Jahrhunderts hinaus als Treffpunkt der italienischen Spitzenpolitiker und Starjournalisten das Bündner Café «Ronzi e Singer». Mitten in Florenz trägt das «Cafe e Ristorante Gilli» bis heute zumindest den bündnerischen Namen. Eine schöne Tochter dieses Hauses, Norina mit Namen, wurde unter dem Künstlernamen Maria Carmi in den ersten Jahrzehnten des 20. Jahrhunderts erst in Deutschland und dann in der ganzen Welt zum gefeierten Pantomimen- und Stummfilmstar. Selbst die sonst so staubtrockene «Neue Zürcher Zeitung» berichtete aus Berlin von «ihrer madonnenhaften Schönheit und dem Adel ihrer Bewegungen». Weil die zumeist reformierten Bündner Zuckerbäcker auch in Florenz auf den katholischen Friedhöfen nicht beigesetzt werden durften, riefen sie in der Hauptstadt der Toscana nicht nur die evangelische Kirchgemeinde ins Leben, sondern auch einen eigenen Gottesacker, der dann später allerdings unter dem Namen der (ebenfalls nicht-katholischen) Engländer als «Camposanto degli Inglesi» berühmt wurde. Zu Zeiten des italienischen Risorgimento, dem Aufstand und Krieg gegen die Herrschaft von Habsburg-Österreich, gelangte das Bündner «Caffè Sandi» in Parma zu Berühmtheit. Die aufständischen Italiener lynchten einen hohen Polizeioffizier, der mit dem zerfallenden Regime der Habsburger zusammengearbeitet hatte, trugen den Leichnam in sein Stammcafé, eben ins «Sandi», und schlugen ihm an seinem gewohnten Frühstückstisch den Kopf ab, den man danach vor dem Café auf einer Stange zur Schau trug. Auch in der Hafenstadt Genua erhob sich ein Bündner Kaffeehaus, Klainguti mit Namen, in dem später sogar Leute wie Giuseppe Garibaldi und der andere berühmte Giuseppe, Giuseppe Verdi, verkehrten. Als Verdis letzte grosse Oper «Falstaff» in Mailand uraufgeführt wurde, da kreierten die Klaingutis sogar eine besondere Biskuitspezialität, die sie «Falstaff» nannten, und schickten sie dem Maestro. Und Verdi soll sogar eigenhändig geantwortet haben: «Grazie dei Falstaff. Buonissimi. Molto migliori del mio.» (Danke für die Falstaff. Ausgezeichnet. Viel besser als meiner).

In Russland erlangte bald einmal das Kaffee-Restaurant der Davoser Salomon Wolf und Tobias Béranger, eben früher Branger, mitten in der damaligen Hauptstadt St. Petersburg im ganzen Land Berühmtheit: Dort trank der gefeierte Dichter Alexander Puschkin zum letzten Mal vor seinem Duell mit einem Gardeoffizier, das er nicht überleben sollte. Ebenfalls in St. Petersburg stand auch die Schokoladefabrik der aus dem Schams stammenden Familie Conradi. Ihr Spross, Moritz Conradi, gelangte nach dem Ersten Weltkrieg zu fataler Berühmtheit. Dieser Russland-Bündner war noch unter den Zaren Offizier geworden und schloss sich während der russischen Revolutionswirren der Weissen Armee an, die gegen die aufkommenden Bolschewiki kämpfte. Danach gehen die Erzählungen über sein Schicksal auseinander. Nach seinen Aussagen wurden während der Revolution sein Vater, seine Tante und sein Bruder von den Bolschewisten entweder umgebracht oder zumindest gefoltert, der Familienbesitz der Conradi zerstört oder enteignet. Anderseits stellte sich später heraus, dass Conradi in der Weissen Armee nicht nur sein Ehrgefühl, sondern auch das allerbekannteste russische Laster, die Saufgelage, kultiviert hatte. Auf jeden Fall kehrte Conradi nach der Niederlage der «Weissen» voller Ressentiments und voller Wodka in die Schweiz zurück und sann auf Rache. Denn wenig später erschoss er in einem Lausanner Hotel den Chef einer nun sowjetischen Delegation an der Meerengen-Konferenz und verletzte zwei weitere Delegationsmitglieder schwer. Nachher schrie er in den Saal: «Je suis le nouveau Guillaume Tell, j'ai tué ces trois chocons russes pour libérer l'Europe du bolschevisme.» Moritz Conradi wurde dann von einem Lausanner Schwurgericht «angesichts der bolschewistischen Gefahr» skandalöserweise freigesprochen, weil die erforderliche Einstimmigkeit für einen Schuldspruch unter den Geschworenen nicht erreicht wurde. Das Urteil erregte weltweit Empörung, die aufgebrachten Sowjets kappten alle Verträge mit der Schweiz. Conradi kehrte nach Chur, in die Hauptstadt seiner Väter, zurück, wo er noch lange Zeit als ständig betrunkener «Russe» durch die Beizenszene geisterte.

Auch in Frankreich erreichte ein Sprössling von Bündner Zuckerbäckern echte «gloire»: Rudolphe de Salis, der Enkel eines aus Vicosoprano ausgewanderten Bündner Konditors, gilt als eigentlicher Erfinder einer neuen Kunstform, des «cabaret». In seinem berühmten Lokal «Le chat noir» im Bohème-Quartier Montmartre unterhielt er seine Gäste als Maler, Schriftsteller, Sänger, Conférencier und Animator. Und die Postkarte mit der schwarzen Katze und der Unterschrift de Salis steht heute noch am Montmartre auf jedem Verkaufs-Ständer. Kein Wunder, dass er am Ende seines abenteuerlichen Lebens mit echtem Bündner Stolz notiert hat: «Dieu a créé le monde, Napoléon a crée la Legion d'honneur, moi, j'ai fait Montmartre.»

Ihren historischen und literarischen Höhepunkt erreichten die Bündner Cafetiers allerdings in Deutschland, vor allem in Berlin. Dort erwarb sich die Familie Josty aus Sils im Domleschg mit ihren allerfeinsten Kaffeerestaurants, erst «an der Stechbahn», dann «an der Schlossfreiheit» und dann am Potsdamer Platz, unvergänglichen Ruhm. Ihre Cafés galten als die schönsten Deutschlands, ja als die schönsten der Welt. Bereits nach der Eroberung Berlins durch den siegreichen Napoleon soll sich «bei Josty» folgende Szene abgespielt haben, wie ein zeitgenössischer Bericht schildert: «Plünderungen und Beschlagnahmungen durch die hungrige französische Armee in den Metzgereien, Lebensmittelläden und Konditoreien standen an der Tagesordnung.» Die Berliner schlossen demzufolge ihre Läden, nur Josty nicht. Dieser stand in grauer Jacke und weisser Schürze vor seinem Geschäft und wartete auf die Ankunft Napoleons. Als der Kaiser beim Schloss erschien, entdeckten Soldaten seiner Armee den offen gebliebenen Laden und stürzten sich auf diesen. Josty stand da, unbewaffnet, mit einem Servierbrett voll Backwaren und einem Korb mit Champagnerflaschen. Als die Horde vorwärts drängte, schrie Josty laut: «Arrière, vous bêtes, seht ihr denn nicht unseren grossen Kaiser, der auf sein Essen wartet? – Es lebe Napoleon der Erste!» Die Soldaten wichen zurück und machten ihrem Heerführer Platz, doch dieser wagte nicht, die Konditorei zu betreten. Josty aber ging mit Speis und Trank auf Napoleon zu. Als dieser den kleinen Zuckerbäcker auf sich zukommen sah, erkundigte er sich bei seinen Offizieren, was dieser vorhabe. Man wolle ihm eine Erfrischung anbieten, wurde ihm erklärt. Da lachte er und befahl dem Ladeninhaber, die Pastete selber zu essen, da er befürchtete, die angepriesene Backware sei vergiftet. Josty setzte sich, verschlang einen Teil der Pastete, entkorkte eine Champagnerflasche, füllte ein Glas, stand wieder auf und sprach mit lauter Stimme: «Evviva Gran Napoleon!» Dieser erwiderte: «Halt ein, ich bin so hungrig wie Sie» und nahm den Rest der Pastete zu sich. Das Lokal war inzwischen mit Offizieren voll besetzt. Diese assen, tranken und bezahlten sogar ihre Zeche. Schmunzelnd fühlte sich der Bündner Zuckerbäcker als Sieger über die französische Armee.»

Später wurde Josty zum Treffpunkt der Dichter und Denker inmitten von Berlin. Heinrich Heine schrieb darüber: «Links wieder zwei schöne Strassen, die Breitestrasse und die Brüderstrasse. Aber gerade vor uns ist die Stechbahn, eine Art Boulevard. Und hier wohnt Josty! – Ihr Götter des Olymps, wie würde ich euch euer Ambrosia verleiden, wenn ich die Süssigkeiten beschriebe, die dort aufgeschichtet stehen. Oh, kennet ihr den Inhalt dieser Baisers! Oh Aphrodite, wärest du solchem Schaum entstiegen, du wärest noch viel süsser! Das Lokal ist zwar eng und dumpfig und wie eine Bierstube dekoriert, doch das Gute wird immer den Sieg über das Schöne behaupten. Zusammengedrängt wie die Bücklinge sitzen sie hier und schlürfen Krême und schnalzen vor Wonne und lecken die Finger.»

In diesem Stile ging es mit «Josty's» weiter: Theodor Fontane soll oft von seiner nahe gelegenen Apotheke hergekommen sein, Alexander Döblin, der Arzt und Schöpfer von «Berlin – Alexanderplatz», und Kurt Tucholsky gehörten ebenfalls zum Stamm der Gäste. Im Zweiten Weltkrieg allerdings wurde dann das berühmte Bündner Restaurant ein Raub der Bomben und der Flammen, der Potsdamer Platz lag für Jahrzehnte als traurige Brache genau an der Mauer zwischen Ost und West. Doch jetzt erheben sich genau dort, wo das «Josty» stand, die Betontürme und Wolkenkratzer einer neuen Zeit. Darunter das riesige Verwaltungsgebäude der Deutschen Bundesbahnen, vielleicht ein später, später Nachfahre der fahrenden und (aus)wandernden Bündner.

Wie der Steinbock ins Bündner Wappen kam

Wie der Steinbock
ins Bündner Wappen kam

In der «urhafft, wahrhaft alpischen Raetia» (Ägidius Tschudi) tummelten sich einst die Steinböcke zuhauf. Und dieses gehörnte Tier beindruckte mit seiner Kraft und Geschmeidigkeit vor allem die damals regierenden Herren, Noble oder Bischöfe, derart, dass es bald einmal ins Wappen der Bischöfe von Chur gelangte und dann via Wappen der Stadt Chur und eines der drei Bünde, des Gotteshausbundes, zum allgemeinen Wappen des Kantons wurde. Noch heute streiten sich allerdings die Gelehrten darüber, ob der Steinbock, der auf den ersten Siegeln der Bischöfe sichtbar wird, wirklich ein Steinbock oder eben nur ein grosser Ziegenbock sei. Doch den Bischöfen war das ganz offensichtlich gleichgültig. Sie peppten den angeblichen Ziegenbock ziemlich schnell zum eigentlichen Steinbock auf. Denn von Hörnern kann und sollte ein Bischof ohnehin nichts verstehen. In späteren, schamhaften Zeiten wurde dann trotzdem das primäre Geschlechtsmerkmal des Steinbocks im Bündner Wappen vielfach unterdrückt, doch schliesslich gab ein Zeichnungsprofessor an der Bündner Kantonsschule dem Wappen-Steinbock im offiziellen, regierungsamtlichen Auftrag zeichnerisch wieder das zurück, was den Bock zum Bock macht. Trotzdem sprechen nicht nur Zugereiste, sondern dann und wann auch die einheimische Presse liederlichweise von einem Steinbock-Geweih statt von einem Gehörn. Richtiggehende Cornuti auch diese Schreiber!

Warum eigentlich Professor für Zeichnen an der Bündner Kantonschule? Das kam so: Einmal stellte die hohe Bündner Regierung die drängenden Lehrer dieser Landesschule an der Churer Halde, im Volksmund wegen dieser Höhenlage und wegen der agilen Gymnasiasten auch «Lümmelburg» genannt, vor die Alternative: Entweder den Titel als Professor oder eine Lohnerhöhung. Fast einstimmig wählte das Kollegium den hochakademischen Titel. Die Gehaltserhöhung bekam es dann drei Jahre später.

Die steile Karriere zum Wappentier bekam dem Steinbock allerdings bedeutend besser als im real existierenden Leben. Denn dort beeindruckte er nicht nur wegen seiner Kraft und Stärke, sondern leider eben auch als Lieferant für urtümliche Medizin: Die Spitzen seiner Hörner sollen wie ein mittelalterliches Viagra gewirkt haben, sein Blut gegen Nierensteine und sein Kot gegen die Haut-Krätze. Besonders begehrt waren aber im Zeitalter ohne Feng-Shui und Bachblüten die Haaransammlungen in seinem Magen, die berühmten Magenkugeln, die gegen Depressionen eingenommen wurden. Also eindeutige Vorläufer der heutigen homöopathischen Kügelchen.

All diese menschliche Leidenschaft, verbunden mit dem Jagdfieber der Bündner, und die neueren Waffen führten zum Ergebnis, dass der Steinbock um 1800 in Graubünden wie auch in der übrigen Schweiz kaum noch existierte – ausser natürlich in den Wappen des Bischofs, des Kantons und zahlreicher Kreise und

Gemeinden. Selbstverständlich liess diese Tatsache die Bündner nie mehr in Ruhe. Verschiedene Wiederbelebungsversuche scheiterten. Denn es fehlte an reinrassigen Böcken – und Skilehrer gab es damals eben noch keine. Allerdings wussten die Bündner und die Schweizer, dass es im streng bewachten privaten Jagdgebiet des damaligen italienischen Königs Vittorio Emmanuele auf dem Gran Paradiso im Piemont noch reinrassige Steinböcke gab. Der damalige Bundesrat Zemp versuchte sogar, an der Eröffnungsfeier für den Simplon-Tunnel mit dem italienischen König offiziell darüber zu sprechen. Doch dieser hatte kein geneigtes Ohr für das Anliegen. In dieser Lage erinnerte man sich in Chur und in Bern daran, dass eigentlich hierzulande nicht nur die Jagd, sondern auch die Wilderei ihre alteingesessene Tradition und Funktion hat. Und da sich damals die «political correctness» noch nicht lähmend über das Land gelegt hatte, so heuerte man unter der Hand, aber mit Geldmitteln des hohen eidgenössischen Finanzdepartementes junge italienische Wilderer an. Die Schweizer und Bündner haben ja zu allen Zeiten gerne ihre Drecksarbeit durch Ausländer verrichten lassen – gegen gute Bezahlung. Der Coup im Piemont gelang: Drei Jungtiere, ein Böcklein und zwei Steingeisslein, wurden 1906 eingefangen und nächtens in den St. Galler Tierpark Peter und Paul gebracht. Die Aufzucht dorten gelang, und bald einmal konnten im St. Galler Oberland, im Nationalpark im Unterengadin und am Piz Albris über Pontresina die ersten Schweizer und Bündner Steinböcke in die freie Wildbahn entlassen werden. Wo sie sich derart üppig fortpflanzten, dass heute in Graubünden wieder eine, allerdings kontrollierte Jagd auf den Steinbock zugelassen ist. So wurde Graubünden wiederum nicht nur Steine-reich wie früher, sondern auch wieder Steinbock-reich. Wobei im ersteren Falle durchaus zwischen Steine-reich und steinreich unterschieden werden muss. Steine-reich ist Graubünden tatsächlich, steinreich sind aber zumeist nur die Gäste. Obwohl eigentlich jeder Gast wissen sollte, dass die ganze Veranstaltung mit Namen Fremdenverkehr eigentlich nicht zum Vergnügen der Gäste stattfindet, sondern vor allem, damit die Einheimischen etwas verdienen.

Dabei war es sonnenklar, dass die Bündner zu Beginn von Fremden und Fremdenverkehr nicht allzu viel hielten, es sei denn, der Fremde bringe einiges an Kapital in die Berge. Denn noch im sogenannten Schwabenkrieg – der auf deutscher und österreichischer Seite natürlich bis heute Schweizerkrieg heisst – vertrieben sie mit roher Waffengewalt die Österreicher aus dem Münstertal und dem angrenzenden Vinschgau. Alles in allem eine radikale Vorstufe zum gegenwärtigen Aufstand der Schweizer gegen die Einwanderung «schwäbischer» Ärzte und Professoren im Rahmen europäischer Freizügigkeit. Allerdings haben die Bündner genau mit diesem Punkt, wo diese Vertreibung mittels der Calvenschlacht stattfand, heute etwas Pech. Denn er gehört heute zu Italien. Allerdings setzten die Bündner damals erfolgreich Kanonen ein, die ihnen der gewaltige Mailänder «Condottiere» Gian Giacomo Trivulzio gegeben hatte. Dieser kapitalkräftige Vorläufer von Silvio Berlusconi hatte die südliche Grafschaft Misox entgegen jeglicher Bestimmungen der diversen «Lex Friedrich und Lex Koller gegen den Ausverkauf der Heimat» vollständig aufgekauft und in den Grauen

Bund, einer der drei Bündner Bünde, eingebracht. Und damit Graubünden bis auf den heutigen Tag zwei italienischsprachige Talschaften «geschenkt». Selbstverständlich bekam er für dieses erste Pauschalbesteuerungs-Abkommen natürlich auch die Niederlassung und eine Arbeitsbewilligung zur Kriegsführung, was beispielsweise heutezutage Asylsuchenden in Bünden sehr selten zu teil wird. Aus Freude über diesen seltenen Akt stellte er eben den Bündnern diese «trivulzischen» Kanonen für die Vertreibung der Landesfremden im Münstertal und Vinschgau durch die Calvenschlacht zur Verfügung. Seither sind die Bündner allerdings deutlich friedlicher geworden, heute setzen sie nur noch Schneekanonen ein.

Geblieben ist den Bündnern aus ihren Anfängen allerdings die Jagdleidenschaft. Schon ein humanistischer Dichter wusste in – lateinischen, hier übertragenen – Versen darüber zu berichten: «Wilde Wölfe verfolgen sie und Bären, flücht'ge Gemsen und anderes Wild. Deiner jedoch, oh Steinbock, Freund des Pan, verschont man hier, weil Du des Volkes Waffen und seine stattlichen Abzeichen schmückst. So führst Du hier ein langes Leben, prahlst mit den gewalt'gen runzeligen Hörnern, die faltenreich sich bis zum Schulterblatt nach rückwärts krümmen, und mit schwarzen Zotteln irrst im Gebirge prangend Du umher.» Dies alles stimmt bis auf unsere Zeit, wenn auch mit einigen Einschränkungen. Die Steinbockjagd ist zwar immer noch nicht frei, doch gibt der Kanton immer wieder einzelne Exemplare für verdiente Jagdveteranen zum Abschuss frei. Geblieben aber ist die Jagd auf die «flücht'gen Gemsen», wenn auch nicht im Ausmass von Gian Marchet Colani aus Pontresina, dem berühmtesten

Bündner Jäger aller Zeiten und Vorbild für J. C. Heers Roman «Der König der Bernina», der in seinem relativ kurzen Leben über 1500 Gemsen, jetzt leider neudeutsch Gämsen geschrieben, erlegt haben soll. Auf jeden Fall führte Colani ein wildes Leben, dergestalt wild, dass im 20. und 21. Jahrhundert noch ein echter Nachfahre davon zehren konnte. Denn der berühmte Designer und Kreator verrückter Ideen, Luigi Colani in München und überall, bekennt sich ganz offiziell als Erbe des wilden Jägers Gian Marchet und hat dies auch schon mit mehreren Ausstellungen in der alten Heimat Pontresina unterstrichen. Die Gemsjagd nimmt heutzutage nicht mehr die Formen des alten Colani an. Erneuert, wenn auch in einer besonderen Form, hat sich dagegen in Graubünden überraschenderweise die vom Chronisten geschilderte Jagd auf wilde Wölfe und Bären. Denn von Süden her erfolgte an der Schwelle zum 21. Jahrhundert die Einwanderung auch dieser speziellen Spezies von Asylanten oder Asylsuchenden, die seit Beginn des 19. Jahrhunderts in Graubünden nicht mehr gesehen worden waren. Nach modischer Konzeptionitis wurde aber beiden eine Fress-Limite gesetzt. Frisst ein Wolf innerhalb von zwei Monaten zwar kein Rotkäppchen, sondern 30 Schafe, dann wird er hochoffiziell durch die hohe Behörde abgeschossen. Bereits einmal geschehen. Und: Wird der Bär durch räuberische Fresszüge in Siedlungen und Dörfer zum Risikobären, dann wird er hochoffiziell durch die hohe Behörde abgeschossen. Zum grossen Zorn einer riesigen Fangemeinde ebenfalls bereits einmal geschehen. Was dann sogar zu Todesdrohungen führte, nicht gegen andere Bären, sondern gegen die Bündner Regierung, und zur Auflage eines offiziellen

Kondolenzbuches, wohlverstanden für den Bär, nicht für die hohe Behörde. Da war es doch zu Richard Wagners Zeiten, der sich einmal bei einem Aufenthalt in St. Moritz langweilte, noch anders. Denn ganz erfreut notierte er einmal in sein Tagebuch: «Jetzt wird hier wirklich auf einen Bär Jagd gemacht, der erst vorgestern – gar nicht weit von hier – 6 Schafe gefressen hat.»

Auf jeden Fall blieb den Bündnern die schrankenlose Jagdleidenschaft bis heute erhalten. Dergestalt, dass noch vor wenigen Jahren ein Bündner Jäger zwei Schüsse auf einen im Wiesland verdeckt stehenden Motor-Mäher abgab. Danach versicherte er treuherzig, nachdem das Ding nach seinem ersten, gut gezielten Schuss erstaunlicherweise nicht zu Boden gegangen sei, habe er halt noch einmal geschossen. Noch besser zwei Bündner Nimrode als Gastjäger auf der Tiroler Revierjagd. Mit einem einzigen Schuss erledigten sie im ersten Büchsen-Dämmerlicht frühmorgens gleich zwei Pferde. Das mache ihnen einmal einer nach!

Wie Graubünden sich in die Ferien-Ecke stellte

Wie Graubünden sich in die Ferien-Ecke stellte

Schon mit den Nomaden der Steinzeit im Churer Rheintal begann also in Graubünden so etwas wie der Fremdenverkehr – der Tourismus, der in späteren Jahrhunderten über Bäder und Kuranstalten bis zu den modernen Luftseilbahnen, Skiliften und Schneekanonen aus Graubünden eine grosse Fremdenverkehrszone gemacht hat. Oder wie es der weltberühmte Aroser, Lenzerheidner, Davoser und Wiesner Gast Thomas Mann gesagt hat: «Eine notorisch wundervolle, wenn auch vom Fremdenbetrieb etwas ridikülisierte Umgebung.» Besagter Thomas Mann hat ja dann dem Davoser Kur- und Sanatoriumsbetrieb mit seinem Roman «Der Zauberberg» ein ebenso unvergängliches wie ausführliches literarisches Denkmal gesetzt. Wobei nachfolgende Germanistengenerationen für eilige touristische Leser eine ebenso unvergängliche, radikale Kurzfassung geliefert haben: Ein junger Deutscher kommt nach Davos und bleibt über 1000 Seiten oben. Wobei sie noch voller Neid ergänzten, Thomas Mann habe den Nobelpreis wohl deshalb erhalten, weil er ausschliesslich in Bündner Nobelhotels abgestiegen sei. Denn die Davoser und die Bündner waren nachmalig ganz und gar nicht zufrieden mit der Schilderung des in doppeltem Sinne kranken Kurbetriebes durch Thomas Mann. Als dann Jahre später die Mann-Tochter Erika mit ihrem scharfen «Antifa-

Kabarett», die «Pfeffermühle», in Davos gegen deutsche und einheimische Nazis auftreten wollte, da wurde die Vorstellung untersagt. Unter anderem mit der Begründung: «Davos schuldet der Familie Thomas Mann keine besondere Dankespflicht, da dessen ‹Zauberberg› durch die darin enthaltene tendenziöse Schilderung des Kurlebens zweifellos eine Schädigung des Kurortes zur Folge gehabt hat.»

Trotz dieses Schlagabtausches ist das Verhältnis zwischen Davos und den Deutschen ein inniges geblieben. So wie es bereits Hermann Hesse zur Zeit des Ersten Weltkrieges klarsichtig vorausgesehen hat: «Wer Davos auch nur oberflächlich kennt und eine Ahnung von der Geschichte seiner Entwicklung hat, für den kann kein Zweifel darüber bestehen, dass für die weitere Zukunft des riesigen Kurortes der Zuzug aus Deutschland entscheidend sein wird.»

Seither haben andere Schriftsteller in und für Graubünden gewirkt, und man wundert sich, dass die in unseren Tagen derart muntere Riesenschar der Werbetexter diese Schätze noch nicht entdeckt hat. Einer dieser Begeisterten schrieb über die Davoser Wiesen: «Und mitten in dieser Legende einer schönen Natur liegen im Sommer die Wiesen von Davos – eines der Wunder der Welt. Diese Wiesen sind nicht grün wie die Wiesen sonst. Die Wiesen von Davos sind blau, murilloblau, tizianblau, adriablau, safirblau, taubenblau, sie sind blau wie Stahl und blau wie Fische und blau wie Gewitter.» Ein anderer begabter Gast hat die Hotel- und Restaurant-Hochburg Engadin einfach Engad-Inn geschrieben. Wenn dies nicht etwas für unsere englisch-verrückten Werber ist, dann gar nichts. Oder wie wärs mit

Stefan Zweig, der das Engadin wunderschön als den «schönsten Winterwinkel der Welt» beschrieben hat? Sogar die berühmten Sylvesterabende von St. Moritz sind von der Schreiberzunft schon früh geschildert worden: «Selbst wenn man von den vielen Übertreibungen vom ewig blauen Himmel, der Wärme, der Gesundheit der Luft und der stetig guten Schneeverhältnisse absieht… In den Bars hauen die Kapellen ihre wahnsinnigen Tempi bis tief in die Nacht. In den Tanzsälen begibt sich jene Menge, die einen guten Teil der Macht und des Rangs der Welt darstellt, in einen Rausch. Dieses Durcheinanderwogen der Abendkleider, eines phantastischen Schmuckes und erlesener Körper hat etwas Fieberhaftes.» Wenig später hat der spätere Urwalddoktor Albert Schweitzer noch eine ganz besondere Betrachtung einer derartigen Soirée hinzugefügt: «Und diese feinen Leute, man grüsst sich nicht einmal auf der Treppe. Luxuriöses Hotel, elegante Kleider, Tafelmusik, Champagner, schöne Damen: kurz, in meinem ärmlichen grauen Anzug kam ich mir vor wie ein Floh im Hemd einer schönen Frau.»

Und noch etwas: Jetzt herrscht in Graubünden allerorten Rauchverbot. Doch auch dieses ist eigentlich durch den früheren Kurbetrieb vorgeformt worden. So schrieb ein begabter Kurgast schon während des Ersten Weltkriegs: «Man wird gut gepflegt, kann in einem Haus essen und schlafen, schläft fast mehr als man wach ist, raucht nur auswärts über 2000 Meter Höhe (wenn niemand es sieht), liegt an der Sonne und bratet, bis man fast blau ist wie ein Eidechs.»

Ebenfalls nicht genau überliefert ist, ob die bekannte Neigung der Bündnerinnen und Bündner zum Dichten und Fabulieren tatsächlich auf diese Weltliteratur-Gäste zurückgeht. Oder ob sie einem eigenständigen, rätisch-lateinisch-romanischen Bedürfnis entsprungen ist. Jedenfalls sind die Bündner durchs Band mehr der Kultur, den Sprachen, der Juristerei verpflichtet als dem freien Unternehmertum. Sodass ein Bündner Redaktor der weltbekannten «Neue Zürcher Zeitung» schon vor bald einmal 100 Jahren für das Engadin die rhetorische Frage stellte: «Ists der Wein der Vetliner, ists der Gletscherwind, dass hier so viele Dichter sind?» Zudem: Die Begründer des bis heute grössten Bündner Industrieunternehmens, der Holzverzuckerung in Domat/Ems (heute Ems-Chemie) waren zwei Luzerner Brüder (Oswald). Der Unternehmer, der diese Fabrikstätte zu grosser Blüte gebracht hat, ein Zürcher (Christoph Blocher). Und dies, obwohl es bereits 1814 in einem reaktionären Aufruf zur Verteidigung der bündnerischen Eigenständigkeit gegenüber Zürich und der ganzen Eidgenossenschaft geheissen hat: «Wenn der Landammann der Schweiz befiehlt, ists dem Bündner eben so, als ob Napoleon seinem Korse, oder Mahmud seinen Muselmännern befähle. Besser noch einem grossen Monarchen als einer Exellenz von Zürich gehorchen!» Auch ist der Verleger des weitaus grössten Bündner Zeitungsverlages (Lebrument) keineswegs ein Bündner, sondern er kommt aus St. Gallen. Und schon früher war der eigentliche Begründer der Rhätischen Bahn, der kleinen roten Schmalspurbahn, die den ganzen Kanton durchzieht, ein Holländer (Hoelsboer).

Auf jeden Fall hatte das Gästeleben in den Kuranstalten und in den Nobelherbergen immer auch seine ungebundenen, fröhlichen Seiten, sodass ein späterer Davoser Landammann den

Erfolg des Tourismus in ganz Graubünden seinerseits in einer Kurzfassung resümieren konnte: «Unser Fremdenverkehr ist derart immerwährend erfolgreich, weil viele Leute den Fremdenverkehr mit Fremdverkehr verwechseln».

Auch ein zweiter, später weltberühmter Bündner Gast, Friedrich Nietzsche, hat schon lange vor seinen berühmten «philosophischen Spazierwegen im Engadin» seine vielfältigen Eindrücke von Bünden und den Bündnern in einem Brief aus Bergün zusammengefasst: «Hier leben wir nun, in einem trefflichen Hotel und nicht überteuert. Jetzt sind einige Pensionäre hinzugekommen, württembergischer Adel und etwas Schulmeisterhaftes aus Saarbrücken. Wir haben bisher gesehen: einen Fels bei der Albulabrücke, zwei einsame Hochtäler trennend und überbrückend, wohin ich mir einen Turm zu bauen gedenke, eine Schwefelquelle in einem Seitental, von uns in Flaschen mit nach Hause gebracht, um Obstruktionen, durch Veltliner Weine verursacht, zu beheben, eine Ziege, welche vor unseren Augen gebar, in Chur unsere vorjährige Flimser Gesellschaft, im Hotel Lukmanier den besten Kellnern, der einmal mein Bediener werden soll, einen Schulmeister, der in Amerika und jetzt etwas höher als Bergün lebt und reines Deutsch spricht, der sich aber nicht wäscht und badet, wie alle Bergbewohner». Beachtlich auch für alle nachgeborenen Journalisten, Tourismus-Texter und Reisereporter, wie viele offene oder verborgene Werbebotschaften Nietzsche in einem einzigen Satz untergebracht hat: felsige Naturschönheit, alpiner Brückenschlag zwischen den Tälern, Freundlichkeit im Gastgewerbe, Naturleben mit Geissen auf dem Bauernhof, heilende Wasser, die Sehnsucht nach einem Zweit-Wohnungsbesitz in einem Turm und das alternative, urtümliche Leben ohne Waschzwang. Nur fünf Jahre später hat er dann allerdings seine profunden Erkenntnisse über den Fremdenverkehr im Engadin viel, viel knapper und lakonischer ausgedrückt: «Das Engadin ist mir durch den Überfluss an Deutschen und Baslern fast unbetretbar geworden.»

Doch einmal abgesehen von Sils-Maria und dem Engadin: Friedrich Nietzsche hat eigentlich nicht nur das Engadin für die Weltliteratur entdeckt, sondern auch das Passugger Mineralwasser. Und gleichzeitig eines der wenigen Zeugnisse für eine frühkapitalistische Entwicklung zur Gründung von Hotel-Genossenschaft in Graubünden vorgelegt. Das kam so: Bei einem Aufenthalt in Chur wanderte Nietzsche nach Passugg: «Zuerst trinke ich an der Salz-Soda-Quelle drei Gläser. Dann händigt mir die Wirtin eine ganze Masse Analysen der Wasser ein; zum Schluss führt mich der Besitzer des Bades, Sprecher, ein exaltierter Mensch, auf seinem ganzen Besitztum herum, dessen unglaublich phantastische Lage ich anerkennen muss. Der Besitzer verheisst noch neue Hauptquellen und bieter mir, mein Interesse gewahrend, Genossenschaft zur Gründung eines Hotels an …» Nietzsche wurde dann doch nicht Kleinaktionär von Bad Passugg und von Passugger Wasser. Doch irgendwelche frühkapitalistischen Züge muss Passugg trotzdem gehabt haben. Auf jeden Fall ist der grosse deutsche Sozialistenführer August Bebel nur ein paar Jahre nach Nietzsche ebenfalls nach Passugg gekommen. Allerdings kaum mit grossem Erfolg, wobei man nicht weiss, was ihm schlechter bekam: die kapitalistischen Anteilscheine oder das Wasser. Auf jeden Fall ist er dort in Passugg verstorben.

Aber auch über Nietzsche und Passugg hinaus, finden sich in der Weltliteratur viele dichterische «Vorschauen» auf das Bündner Leben von heute. So besonders auf das besonders schmackhafte luftgetrocknete Rindfleisch, das jetzt allgemein unter dem Namen «Bündner Fleisch» nachgefragt wird. Obwohl die Bündner selber sagen, Bündner Fleisch, das sei doch eigentlich ihr eigenes Fleisch an Armen und Beinen und Bauch, und das möchte wohl niemand essen, auch luftgetrocknet nicht. Deshalb sagen alle Bündner – die echten und die angelernten – zum vulgo Bündnerfleisch eben «Bindenfleisch» oder, im Dialekt, «Bindafleisch». Trotzdem war auch in Graubünden selbst das Erstaunen gross, als auf dem Höhepunkt der BSE-Krise bekannt wurde, dass das meiste Bündner Fleisch – gar kein Bündner Fleisch war. Weil es nicht von Bündner Rindern – wahnsinnigen oder nicht wahnsinnigen – stammte, sondern von argentinischen und brasilianischen und nur von den Bündnern – den wahnsinnigen und den nicht wahnsinnigen – luftgetrocknet wurde. Doch dann, zum Schlusse der Krise, waren jedoch alle zufrieden, dass das köstliche Bündnerfleisch weder von wahnsinnigen Bündnern noch dito Kühen ab- und aufgeschnitten wurde, sondern aus dem weniger vom (Rinder-)Wahnsinn heimgesuchten Südamerika. Denn damals durfte wenigstens dieses verkauft und exportiert werden. Plötzlich war es eindeutig ein Vorteil, dass das Bündner Fleisch kein Bündner Fleisch war.

Trotzdem blieben die Vorschauen auf die später doch so berühmte Bündner Gastronomie zwiespältig. So schrieb ein Gast schon zu Beginn des 19. Jahrhunderts: «Ausser gedörrtem Rind- und Bärenfleisch kommt in dieser Gegend kein anderes Fleisch auf den Tisch. Selbst die Suppe ist von diesem Fleisch, und für Brot wird meistens nur Käs, wovon immer ein Laib wie bei uns Brot auf dem Tisch steht, in die Suppe gebrockt. Die Viehzucht ist in dieser Gegend zwar sehr gross. Man mästet das Vieh, treibt es nach dem Herbst nach Italien und verhandelt es gegen Wein. Der Veltliner Wein ist ein ausgezeichneter roter Wein und für den gewöhnlichen Gebrauch zu teuer, deswegen wird meistens Branntwein getrunken». Womit feststeht, dass dieser frühe Gast kein Deutscher war. Denn bis heute vermisst der Schweizer auf deutschen Wirtstischen fast immer das Brot. Warum? Wie einmal ein Schweizer Hotelier in Deutschland verraten hat, weil die sparsamen Deutschen sonst nur das Brot essen und nichts anderes mehr bestellen würden …

Überhaupt: Vielfach zitieren eben die touristischen Werbetexter nur dann aus der Weltliteratur famose Bündner Sätze berühmter Leute, wenn auch für die Reklame etwas abfällt. So schrieb schon 1892 ein Gast aus dem Engadin nach Hause: «Alles hier ist hässlich. Wenn man schon einmal auf eine passable Aussicht stösst, ist sie durch eine riesige Tafel mit der Aufschrift ‹Hotel Belle-Vue› verstellt.» Und wenig später doppelte Richard Strauss, der Komponist der tanzenden Salomé, aus einem Hotel in Pontresina höchst ungnädig nach: «Eine unmögliche alte Trödlerbude, noch rückständiger als die meisten sogenannten

Grand Palace der Schweizer Hotellerie, die seit 80 Jahren nur die Preise ‹renoviert› und von 15 frcs Pension auf 40 bis 60 frcs gesteigert hat.» Also dringender Innovationsbedarf in der Bündner Hotellerie schon damals. Gleiche Komponisten-Töne hatte nämlich schon zuvor der fast noch berühmtere Vornamens- und Berufskollege von Strauss, Richard Wagner, über St. Moritz wie einen Walkürenritt erklingen lassen: «St. Moritz ist eine wirklich unfreundliche Öde, mit grösster Unbequemlichkeit in allen Einrichtungen und sehr eintönig. Fehlende Duschen, schlechte Küche: Ich war der einzige, der sein Maul auftat, kein Schweizer wagt so etwas.»

Stimmt offenbar bis auf den heutigen Tag: Der Deutsche reklamiert, der Schweizer macht die Faust im Sack. Zudem: Immer und immer wieder sind es diese riesigen Hotel- und Zweitwohnungsbauten, die den grossen Ärger verursachen. So schrieb der italienische Literatur-Nobelpreisträger Eugenio Montale ebenfalls über St. Moritz: «Wer hat nicht sagen hören und wer hat nicht schon selber gesagt, dass dies dumme Orte sind. Ist der erste Schwung der Erregung verflogen, ist es nur allzu leicht, dies zu wiederholen. Man sieht sich um, und man sieht Metzgereien, die hölzerne Schinken und Mortadella ausstellen, man sieht allzu saubere Strassen, einen See ohne Möwen, in dem fast fischen verboten ist und in dem niemand ein Bad nimmt, üppige, aber zu fette Wiesen, Männer und Frauen von seltener Hässlichkeit, Gebäude, die einen abscheulichen Geschmack verraten, geschlossene Villen, die man heute, verglichen mit vor zwei Jahren zum halben Preis verkauft, und die trotzdem keinen Käufer finden, weil niemand das Dienstpersonal bezahlen könnte, um sie imstandzuhalten; man schaut sich um, und man schliesst vorschnell, dass dieses sterile Paradies seinen Untergang in sich trägt und dazu bestimmt ist, zu verschwinden.» Gleicher Meinung, noch missmutiger berichtete der expressionistische deutsche Maler Georg Kaiser aus St. Moritz: «Blitze, Donner, Wolkenbrüche. Gut so. Warum sollte es anders sein. Was haben eigentlich die Schweizer gegen die Schweiz, dass sie solche Orte bauen wie diesen? Man kann nur mit geschlossenen Augen wandern. Ich lebe hier hinter schwarzen Gardinen, um nicht diese Bauschande zu sehen. Es ist wahrscheinlich, dass ich in der nächsten Woche dies Bauverbrechen, das sich St. Moritz nennt, verlasse.»

Doch das Engadin ist nicht allein. Auch die Bündner Hauptstadt ist jenseits der Fremdenverkehrsprospekte von unpässlichen Literaten oder Kulturpessimisten schon schwer getroffen worden. Der ungarisch-englische Satiriker George Mikes hat geschrieben, wenn es denn schon ans Sterben gehe, dann müsse man nach Chur kommen. Dort falle der Abschied von dieser Welt besonders leicht. Und der österreichische Theatermann Thomas Bernhard hat notiert: «Chur ist tatsächlich der trübsinnigste Ort, den ich jemals gesehen habe.»

Wie aus dem grauen Bünden ein weisses Paradies wurde

Wie aus dem grauen Bünden ein weisses Paradies wurde

Am Anfang waren ja in Graubünden nur die Sommergäste wie Friedrich Nietzsche, der in Sils-Maria «6000 Fuss jenseits von Mensch und Zeit» oder auch «6000 Fuss über dem Meer und viel höher über allen menschlichen Dingen» seine Bergeinsamkeit fand. Wobei es ihm doch noch wesentlicher besser erging als seinem philosophierenden Weggefährten Paul Rée, der sich auf einer Wanderung in der Charnadüra-Schlucht des Inn unterhalb von St. Moritz wassermässig erleichtern wollte, aber dabei unglücklich vorging und zu Tode stürzte. Wenig später wurde es dann vor allem im Engadin und in Davos und Arosa auch im Winter belebter. Ausgerechnet in der Charnadüra-Schlucht des unglücklichen Rée entstand Graubündens erstes Wasserkraftwerk, viele, viele andere folgten. Im prächtigen St. Moritzer Nobelhotel «Kulm« konnte als Folge davon die erste Glühbirne in der Schweiz überhaupt erglühen, auf dem St. Moritzersee ertönte zum ersten Mal das mittlerweile so beliebt gewordene Geräusch eines startenden Flugzeugmotors. Und vor allem: Aus Norwegen traf ein Paar jener Holzdinger ein, die Arthur Conan Doyle, der Vater des Sherlock Holmes, wenig später in Davos ganz genau geschildert hat: «Äusserlich ist an einem Paar Ski nichts besonders Heimtückisches zu entdecken. Es sind zwei Pantoffeln aus Ulmenholz, 8 Fuss lang und 4 Fuss breit, mit einem viereckigen Absatz, aufgebogenen Zehen und Riemen in der Mitte zur Befestigung des Fusses. Niemand würde beim blossen Ansehen an alle die Möglichkeiten denken, die in ihnen lauern». Offenbar hat dann Conan Doyle wenig später auf einer Skitour von Davos nach Arosa höchstselbst erfahren, welche «heimtückischen Möglichkeiten» in diesem Ulmenholz verborgen waren. Er schreibt: «Ein kleiner Zickzack am Ende des Abhangs brachte uns in die Passöffnung und wir konnten weit unten in den Fichtenwäldern die kleinen Spielzeughotels von Arosa, Tausende von Fuss unter uns, sehen. Wieder genossen wir etwa eine halbe Meile leichten Schwebens, wobei wir unsere Stöcke nachschleiften. Es schien mir, dass die Schwierigkeiten unserer Reise nun vorüber waren und dass wir nur auf unseren Ski zu stehen hatten. Aber der Abhang wurde steiler und steiler, bis er plötzlich abfiel in einen nahezu wirklichen Abgrund. Ich versuchte, die Schnelligkeit innerhalb mässiger Grenzen zu halten, was die Wirkung hatte, dass die zusammengebundenen Ski auf die Seite gingen, so dass man den Abhang seitwärts hinabglitt. Dann hackte ich meine Absätze fest ein, was mich rückwärts überschlug, und im gleichen Augenblick schossen meine Ski wie ein Pfeil vom Bogen, überholten meine beiden Begleiter und verschwanden über den nächsten Abhang hinaus, indem sie ihren Eigentümer im tiefen Schnee kauernd zurückliessen. Wir zogen in Arosa um halb 11 Uhr ein, nachdem wir genau sieben Stunden zu unserer Reise gebraucht hatten.» Womit bewiesen wäre, dass gewaltige Stürze von Anbeginn ins Repertoire der Skifahrer gehörten, aber auch der seither eingetretene Fortschritt bei der Ski-Ausrüstung eindrücklich dokumentiert wird.

Denn heute hat jeder Ski, was Conan Doyles Ulmenholz nicht hatte: Stopper zum Stoppen von Skis, die sich selbstständig gemacht haben.

Doch nicht nur bei den Skis, auch im Eishockey stieg Graubünden zum Schweizer Winterparadies auf. Früher glaubte man allerdings, Eishockey sei in der Schweiz zuerst im Westen gespielt worden. Doch jetzt hat ein findiger (Bündner) Kopf herausgefunden, dass auch dafür in der Schweiz das Licht aus dem Osten kam: Die Gymnasiasten des deutsch geprägten Davoser «Fridericianums» spielten auf dem zugefrorenen Davosersee bereits 20 Jahre vor der Wende zum 20. Jahrhundert so etwas wie Eishockey – mit umgekehrten Spazierstöcken als Schläger, was nach Chronistenberichten «wegen des Verhakens in Beinen und Schlittschuhen nicht ganz ungefährlich war». Auf jeden Fall genügte die damit begründete Tradition dem nachmaligen HC Davos, um bis dato über 20-facher Schweizer Eishockeymeister zu werden. Und ein weltbekanntes Eishockey-Turnier zu veranstalten, den Spengler-Cup. Für Insider, die sogar wissen, dass die Bündner ihre fahrenden Mitbürger und Mitbewohner seit altersher liebevoll auch «Spengler» nennen, muss allerdings sofort politisch korrekt hinzugefügt werden, dass der Spengler-Cup nicht auf diese, dann und wann auch auf dem Eis fahrenden Spengler zurückgeht. Sondern auf den Begründer des Höhenkurortes Davos, den deutschen Arzt Alexander Spengler. Trotzdem: Die Bündner Gemeinden Obervaz und Untervaz beherbergten einst in ihren Gemarkungen besonders viele dieser fahrtüchtigen Bündner, sodass manch ein Einheimischer sagt, der wahre Spengler-Cup wäre eigentlich ein Spiel zwischen den Ober- und den Untervazern.

Wie eine ehemalige Rhäzünser Untertanin den Schlossherrn aus dem Bundesrat kippte

Wie eine ehemalige Rhäzünser Untertanin den Schlossherrn aus dem Bundesrat kippte

Graubünden ist ein Land, in dem die Geschichte lange nachwirkt. Das weiss man, sodass viele Nicht-Bündner immer wieder erklären, Graubünden sei rückwärtsgewandt. Trotzdem hat die Tatsache, dass im Jahre 2007 eine ehemalige Rhäzünser Untertanin den Schlossherrn von Rhäzüns mit Hilfe des Schlossherrn von Rietberg aus der schweizerischen Landesregierung kippte, alle beide, Bündner und Nicht-Bündner, überrascht. So viel hätten sie der Bündner Geschichte niemals zugetraut.

Aber eben: Einmal mehr erwies sich die Bündner Landesgeschichte als länger und pikanter, als die Schulweisheit geglaubt hatte. Denn diese Geschichte verlief so:

Hoch über den letzten Kilometern des Hinterrheins vor seinem Zusammenschluss mit dem Vorderrhein thront seit alten Zeiten Schloss Rhäzüns. Dessen Erbauer, die Freiherren von Rhäzüns, gehörten einst zu den grössten Landbesitzern im alten Rätien und trugen auch wesentlich dazu bei, dass der grösste der drei Bünde, der Graue Bund, gegründet wurde. Aber wie es auch bei reichen Leuten so geht, die Degeneration macht Fortschritte, und die Rhäzünser verloren ihre Manneskraft und ihren Mannesstamm. Da es damals das Frauenstimmrecht noch lange, lange nicht gab, so hatten sie auszusterben. Und grosse

Teile ihrer Herrschaft gerieten über die reicheren und sexuell aktiveren Grafen von Zollern zu den noch viel reicheren und im Heiraten und Kinderzeugen noch viel aktiveren Habsburgern. Ein klassisches Beispiel für die von Karl Marx erwähnte frühkapitalistische Akkumulation des Kapitals (und des Latifundienbesitzes) zugunsten der nach Dürrenmatt «erfolgreichsten Auslandschweizerfamilie aller Zeiten». Zu diesen neo-habsburgischen Gebieten gehörten damals vor allem die eigentliche Herrschaft Rhäzüns mit dem Schloss und den Gemeinden Rhäzüns, Bonaduz, Domat/Ems und Felsberg. Besonders die beiden Letzteren spielen eine wichtige Rolle für unsere lange Geschichte. Denn Felsberg bildete lange Zeit zusammen mit den übrigen Gemeinden der Herrschaft Rhäzüns im alten Bünden eine Gerichtsgemeinde, blieb aber beinahe ebenso lang unter der Oberhoheit des Erzhauses Österreich. Die Felsberger und also auch die Felsbergerinnen waren also bis in moderne Zeiten Rhäzünser Untertanen.

Doch dann kam Bewegung in die Sache: Im Nachbardorf von Felsberg, in Domat/Ems begann eine chemische Fabrik aufzusteigen, die Holzverzuckerungs AG (Hovag), später Ems-Chemie. Einer ihrer Mitbesitzer und Direktoren, ein kunstsinniger, geschichtsbewusster Mann namens Werner Oswald, kam auf den in dieser Gegend naheliegenden Gedanken, es den Freiherren von Rhäzüns, den Grafen von Zollern und den Kaisern von Österreich gleichzutun. Und er begann Besitztümer, Schlösser, Häuser, Boden zu kaufen, zu akkumulieren. Sodass in der Stammgemeinde des Werkes, in Ems, bis heute folgende Geschichte erzählt wird: In Domat/Ems werden nämlich für die Fronleichnams-Prozession aus Reverenz für das Allerheiligste traditionellerweise die Strassen mit frisch gemähtem Gras bedeckt. Aber zu den Zeiten Werner Oswalds habe man dies nicht mehr gewagt, sonst hätte er auch diesen Boden aufgekauft.

Natürlich fielen Oswalds Augen auch auf Schloss Rhäzüns. Denn die ganze ehemals habsburgische Herrschaft Rhäzüns war ja in der Zwischenzeit, wie es sich gehört, an den Kanton Graubünden gelangt, das Schloss aber an eine Familie. Doch wie es auf Rhäzüns offenbar geht, plötzlich lebte von dieser Familie nur noch ein Spross, und zwar in Paris. Werner Oswald beauftragte deshalb einen aufstrebenden Anwalt mit Namen Leon Schlumpf aus dem nahen Felsberg, dem ehemaligen Rhäzünser Untertanengebiet, mit den entsprechenden Verhandlungen. Und siehe da: Es gelang, Schloss Rhäzüns ging in den Besitz der kommenden Ems-Chemie über.

Damit konnte jetzt die Bündnergeschichte ihre volle Wirksamkeit entfalten. Denn Besitz-Nachfolger von Werner Oswald bei der Ems-Chemie und damit auch auf Schloss Rhäzüns wurde ein Mann namens Christoph Blocher, später Nationalrat, Leader der rechtsgerichteten Schweizerischen Volkspartei (SVP) und dann Bundesrat, ein Mitglied der schweizerischen Landesregierung. Noch früher hatte diesen Aufstieg über Regierungs-, National- und Ständerat zum Bundesrat aber auch besagter Leon Schlumpf aus Felsberg geschafft, ebenfalls SVP, aber von einer andern, gemässigteren Richtung.

Doch wie es in Bünden eben geht: Jetzt kommt noch ein Schlossherr ins Spiel. Denn weiter oben am Hinterrhein, in Sichtweite von Schloss Rhäzüns, steht im Domleschg, im «Bündner Burgenland», ein weiterer Herrschaftssitz: Schloss Rietberg, seit langem im Besitz eines Zweiges der grossen Familie von Planta. Dort wuchs ein anderer Jurist und politischer Volkstribun heran: Andrea Hämmerle. Dieser pflegte wohl als Biobauer sein schlossherrliches mütterliches Erbteil, doch politisch folgte er nicht den Fussstapfen seiner adligen Vorfahren, sondern wandte sich der Linken zu. Er wurde sozialdemokratischer Bündner Nationalrat in Bern, wo er bald einmal gegen Christoph Blocher, seinen Antipoden auf Schloss Rhäzüns, zu polemisieren begann. Eine innig gepflegte politische Feindschaft von Schlossherr zu Schlossherr über das Rauschen des Hinterrheins hinweg. Als «Christoph von Rhäzüns» Bundesrat geworden war, schlugen die Wellen oftmals derart hoch, dass sich die Augen des «roten Andrea von Rietberg» plötzlich auf das ehemalige Rhäzünser Untertanendorf Felsberg richteten. Denn dort hatte sich Leon Schlumpf zwar als ehemaliger Minister der Schweizerischen Eidgenossenschaft längst zur Ruhe gesetzt, doch ihm war eine Tochter herangewachsen, Eveline mit Namen, die jetzt als erste Bündner Frau und ehemalige Rhäzünser Untertanin in die Bündner Regierung gewählt worden war. Zwar war auch sie von der Schweizerischen Volkspartei, aber eben von einer andern, gemässigteren Richtung als der Schlossherr von Rhäzüns. Damit kam die Wiederkehr der Bündner Geschichte: Der «rote Schlossherr von Rietberg» überzeugte die ehemalige Rhäzünser Untertanin Eveline gegen den jetzt bundesrätlichen Besitzer von Schloss Rhäzüns für den Bundesrat zu kandidieren. Und tatsächlich, die neue Rhäzünser Fehde gelang: Die schweizerische Bundesversammlung wählte am 12. Dezember

2007 die Felsbergerin Widmer-Schlumpf anstelle von Christoph Blocher in die Schweizer Regierung. Das alles hat die Bündner Geschichte mit ihrer nachhaltigen Wirkung herbeigeführt.

Und dies war nicht einmal die erste politische Rhäzünser Schlossgeschichte. Als der erwähnte Christoph Blocher nämlich in den Besitz von Schloss Rhäzüns gelangt war, hatte er sich bereits als entschiedener Gegner eines schweizerischen Beitritts zur Europäischen Union profiliert und schickte sich an, auch den Abstimmungskampf gegen einen Beitritt der Schweiz zum Europäischen Wirtschaftsraum (EWR) anzuführen. Deshalb erlitt er einen gehörigen Schrecken, als sich bei der Restauration des Eingangsbereiches von Schloss Rhäzüns Folgendes ereignete: Je mehr die Handwerker die Tünche wegmachten, desto mehr wurde ein ganzer Kreis von hellen Sternen auf blauem Untergrund sichtbar, in seiner ganzen Schönheit der Europa-Fahne verdächtig ähnlich. Doch die Kunsthistoriker konnten den erbleichenden, der EU und ihrer Fahne höchst unfreundlich gesinnten Besitzer von Schloss Rhäzüns beruhigen: Es handelte sich um ein altes Madonnensymbol.

Wie Graubünden ins 21. Jahrhundert schritt

Wie Graubünden ins 21. Jahrhundert schritt

So kam es schliesslich, dass Graubünden mehr als 2000 Jahre, nachdem es von den Römern in die Weltgeschichte gerissen worden war, getrost am 1. Januar 2000 wie alle Welt ins 21. Jahrhundert christlicher Zeitenrechnung schritt. Oder jedenfalls wie alle Welt diesen Tag als Beginn eines Jahrhunderts gebührend feierte, obwohl mathematisch exakt das 20. Jahrhundert erst am 31. Dezember 2000 zu Ende war, das 21. erst am 1. Januar 2001 begann.

Doch mittlerweile ist Graubünden mit Sicherheit im 21. Jahrhundert angekommen. Mit einer Fläche von 7106 Kilometer im Quadrat, mit pro Quadratkilometer 26 Menschen, was ungefähr im Gesamten ein Personal von 190'000 Frauen und Männern ergibt. Mit drei Landessprachen und 146 «zugereisten» Sprachen, fünf Regierungsräten und immer noch 120 Grossräten, einer Bundesrätin (Stand Juni 2008) und einem Bären (Stand März 2008). Mit fast 47 Prozent Katholiken und 41 Prozent Reformierten, mit über 5 Prozent Konfessionslosen, nur 85 Juden, 2,1 Prozent Muslimen und 0 Minaretten. Mit 6000 Jägern und 8000 Fischern und trotzdem mit 15'000 Rehen, 13'000 Hirschen, 25 000 Gämsen (neudeutsche Schreibweise) und 6000 Steinböcken und in der Fischerei mit nur einer CPUE (laut Landesbericht des Kantons Anzahl gefangener Fische pro

Ereignis) von 1,4 Prozent. Was im Originalton des kantonalen Landesberichts «zu einem prozentualen Anteil an Ereignissen, bei denen im Minimum ein Fisch behändigt wurde, von 54,8 Prozent führt». Bei dieser Spärlichkeit der Ereignisse kann es niemanden überraschen, dass in Graubünden immer wieder die Frage aufgeworfen wird: Was ist eigentlich noch langweiliger als Fischen? Antwort: einem zuzusehen, der fischt.

Darüber hinaus hat Graubünden 1897 km² Wald, 104 km² Gewässer, 129 km² Siedlungsfläche und volle 2858 km² unproduktive Vegetation oder gar vegetationslose Fläche, die – wenn es nach dem Willen der Schweizer und der Bündner Grünen geht – dies auch bleiben sollen. Volle 64 Prozent der Bündner wohnen über 1'000 Meter über Meer – oder müssen es tun. In der Schweiz sind es nur 3,1 Prozent. Graubünden hatte 2008 rund 1'500 Arbeitslose, 150'000 Motorfahrzeuge, mehr als 5 Millionen Logiernächte in Hotels und Pensionen und einige Tausend Zeltler, 84 Schneesport-Schulen, zwei Tageszeitungen, einen lokalen Radio- und einen lokalen Fernsehsender, 31'237 Hochstamm- und Feldobstbäume, 33 Fälle von Sauer- oder Faulbrut der Bienen, zwei Fälle von Listeriose bei Rindern, aber keine einzige verrückte Kuh. Ebenso 13'642 Strafanzeigen, 11 Fluchten aus dem Gefängnis, 417 Asylsuchende, eine Kehrichtverbrennungsanlage, 9 höhere Mittelschulen, 2 Fachhochschulen und 1 Theologische Hochschule.

Und trotz alledem ist Graubünden durch die Jahrhunderte ein glückliches Land geblieben. Ein sehr glückliches sogar!